让孩子
重新喜欢学习
Let kids love learning again

李兴福 ◎ 著

延边人民出版社

责任编辑：王宏义

图书在版编目(CIP)数据

让孩子重新喜欢学习 / 李兴福著.
—— 延吉：延边人民出版社，2011.5
ISBN 978-7-5449-1556-4

Ⅰ.①让… Ⅱ.①李… Ⅲ.①问题儿童—学习方法—儿童教育 Ⅳ.①G791②G765

中国版本图书馆CIP数据核字(2011)第073867号

出版：	延边人民出版社
社址：	吉林省延吉市友谊路363号（133000）
	北京市朝阳区北苑路红军营南路傲城融富中心B座606室（100107）
电话：	0433-2902107（延吉）；010-84945461（北京）
传真：	0433-2902116（延吉）；010-84928713（北京）
网址：	www.ybcbs.com
印刷：	保定市中画美凯印刷有限公司
发行：	延边人民出版社
开本：	880×1230mm　1/32
印张：	8
字数：	200千字
标准书号：	ISBN 978-7-5449-1556-4
版次：	2011年5月第1版，2011年5月第1次印刷
定价：	28.00元

如发现印装质量问题，影响阅读，请与印刷厂联系调换。

迟到的父爱

我是一名父亲,女儿已经20岁,在湖南长沙某高校读大三。我是一名基础教育工作者,执教五年后,从事中小学教育管理工作至今。作为老师的我,原以为自己是一名优秀的父亲,给了孩子无私的爱,太多的爱,还让女儿以钢琴特长考上了大学。在许多人眼里,我的家庭教育是成功的。听了李兴福老师的《科学教育法100讲》视频讲座后,我琢磨,我反思,我觉醒,我的家庭教育并不成功,我连一名真正合格的父亲都算不上。

回顾这二十年来教养女儿的艰辛历程,"成功"的背后是幼稚,是自以为是,更是给女儿极大的伤害。在女儿咿呀学语时,我幼稚地逼着女儿背古诗、儿歌,认字学计算。心里总是想着努力开发女儿的智力,将来为我们当老师的父母挣个好脸面;女儿上学后,我总是自以为是地秉行"学海无涯苦作舟"的信条,严格要求女儿勤学苦练,考试排名第一是我们夫妇最大的欣慰;在女儿面临升学之时,在强烈的虚荣心驱使下,诱逼女儿学钢琴,牺牲了女儿快乐的童年,给女儿的学习、生活造成极大的伤害。听了李老师的讲座,我如梦初醒,原来我给女儿的"爱"越多,伤害女儿的也就越多。假借一切为了女儿的名义,满足自己的虚荣心。这算得上是一名合格的父亲吗?

有幸接触到科学教育法,让我在教育子女方面明白了许多道理,也学会了许多科学的教育方法。反反复复听《科学教育法100

讲》，让我知道了女儿上大学后为什么不爱读书、不爱学习的真正原因。从小学到中学，女儿是在我的权威下强迫学习的。她没有快乐的童年，更没有完全属于她的时间和"天地"。别的孩子在和父母快乐玩耍时，她却在我们的监视下弹琴；别的孩子安然进入梦乡，她还在我们的陪同下做作业；双休日，别的孩子想做什么就去做什么，可我的女儿却别无选择地去补课。科学教育法证实了我过去的这种教育观念和方法是错误的。女儿爱学习、好探究的天性被我无情地抹杀了，使她失去了可持续发展的动力。留下的遗憾和悔恨在我女儿的身上已经无法挽回。现在给女儿再多的爱，也是迟到的爱。

现在还有诸多的天下父母正在走我过去的路。我多么期盼李兴福老师的教育学术尽快给天下父母带来一场轰轰烈烈的家庭教育的革命。

李老师自主创立的科学教育法摈弃的是陈腐教育观念，继承的是中华民族优良的传统文化，是教育科学与心理科学、行为科学、大脑科学、神经语言学、生理学、营养学、哲学等诸多学科的有机结合。科学教育法的科学性、前瞻性、实用性和可操作性将会给家庭教育、学校教育带来一个改革发展的春天。

有缘认识到科学教育法，是我今生最大的荣幸。李老师三十多年来潜心研究科学教育法，放弃的是地位，追求的是创新；舍弃的是荣誉，追求的是责任；抛弃的是庸俗，追求的是真理……

湖南省澧县第八中学教师　皮远文

目录
Contents

Chapter 1 〈第一章〉
孩子厌学该怎么办 — 001
- 大脑里有个东东叫β内啡素 — 003
- 预防厌学有啥高招 — 006
- 孩子厌学父母往往是"罪魁" — 013

Chapter 2 〈第二章〉
父母的盲目"坑害"了孩子 — 021
- 错误一：只要投入就能有回报 — 023
- 错误二：死看死守，就能学习好 — 024
- 错误三：学习就是做作业 — 025
- 错误四：学习不好就补课 — 027
- 错误五：一味刻苦就能换来好成绩 — 028
- 错误六：只要玩乐就是浪费时间 — 029
- 错误七：只要学习好其他都不重要 — 030
- 错误八：创造良好条件就能学习好 — 031
- 错误九：宁可荒废也不降期许 — 032
- 错误十：孩子问题都是别人的错 — 033

Chapter 3 〈第三章〉
> 身为父母得懂点教育　　　　　　　　　　035

- ⊙ 教育是一门科学　　　　　　　　　　037
- ⊙ 教育得讲点艺术　　　　　　　　　　039
- ⊙ 教育有个平衡性　　　　　　　　　　040
- ⊙ 教育也需要和谐　　　　　　　　　　042
- ⊙ 教育效果在未来　　　　　　　　　　044
- ⊙ 教育有点像怀胎　　　　　　　　　　046
- ⊙ 教育不可忽视阶段性　　　　　　　　047
- ⊙ 教育有时需要无为而为　　　　　　　049
- ⊙ 早教很关键　　　　　　　　　　　　051
- ⊙ 学习是一生的事情　　　　　　　　　053

Chapter 4 〈第四章〉
> 家长不得不反思的教育习惯　　　　　055

- ⊙ 满足物质欲忽略求知欲　　　　　　　057
- ⊙ 在学习上搞情感敲诈　　　　　　　　058
- ⊙ 一相情愿地说教　　　　　　　　　　059
- ⊙ 唠唠叨叨没完没了　　　　　　　　　060
- ⊙ 家长的话就是命令　　　　　　　　　061
- ⊙ 家长简单给出对错结论　　　　　　　063
- ⊙ 工作狂忽略孩子成长　　　　　　　　063

Chapter 5 〈第五章〉

过时的方法不适应当今的孩子　　065

- 错误一：皮鞭能打出高分　　067
- 错误二：吃苦能"吃"出好成绩　　070
- 错误三：考上大学才有出息　　072
- 错误四：靠题海战术能打胜仗　　074
- 错误五：眼里只有100分　　076
- 错误六："争第一"是永恒的期望　　077
- 错误七：偏重结论忽视方法　　079
- 错误八：指手画脚瞎操心　　081

Chapter 6 〈第六章〉

培养认同感是教育的保障　　083

- 听话是教育的前提　　085
- 为什么要听话　　087
- 培养孩子认同感的科学方法　　091
- 听话教育中要注意的几个问题　　100

Chapter 7 〈第七章〉

学习是学生自己的事情　　105

- 为什么要自主学习　　107
- 自主学习有哪些困难　　110
- 培养自主学习的方法　　114

Chapter 8 〈第八章〉
建立独立的家庭文化   119

- ⊙ 独立的教育文化   121
- ⊙ 保持良好的生活习惯   126
- ⊙ 告别不正确的心理问题   130
- ⊙ 培养正确的价值观   135
- ⊙ 必要的严格不可缺少   139

Chapter 9 〈第九章〉
这十种不良习惯咱娃有没有   141

- ⊙ 小小年纪爱耍脾气   143
- ⊙ 攻击别人要付出代价   144
- ⊙ 动不动就流泪   146
- ⊙ 爱买零食有害健康   147
- ⊙ 不买玩具就难受   149
- ⊙ 大多小孩爱攀比   150
- ⊙ 爱霸占他人东西不容小视   151
- ⊙ 经常不好好吃饭   153
- ⊙ 该睡觉时不睡觉   155
- ⊙ 为什么孩子不听话   156

Chapter 10 〈第十章〉
> 注意力不集中怎么办 — 157

- ⊙ 注意力不集中有啥后果 — 159
- ⊙ 为什么注意力会不集中 — 160
- ⊙ 怎样改善儿童注意力 — 162

Chapter 11 〈第十一章〉
> 与孩子们有关的饮食科学 — 175

- ⊙ 饮食和学习有很大关系 — 177
- ⊙ 科学饮食关系儿童身心发展 — 178
- ⊙ 大脑工作原理要求科学饮食 — 179
- ⊙ 蔬菜饮食科学 — 183
- ⊙ 高蛋白的饮食科学 — 185
- ⊙ 儿童不可缺少的几种关键食物 — 186
- ⊙ 儿童饮食要注意的几个问题 — 187

Chapter 12 〈第十二章〉
> 孩子们来快乐作业 — 191

- ⊙ 为什么做作业不快乐 — 193
- ⊙ 掌握快乐作业科学方法 — 195

Chapter 13 〈第十三章〉
> 还孩子左右脑一个平衡   **199**
- ⊙ 千万别忽略孩子的艺术脑   201
- ⊙ 家长需做好心理准备   206
- ⊙ 家长需要做好技术支持   209

Chapter 14 〈第十四章〉
> 古典音乐会给你神奇的力量   **215**
- ⊙ 古典音乐对儿童大脑的影响   217
- ⊙ 运用古典音乐的方法   221
- ⊙ 古典音乐应用的几点建议   224

> 家长的信   **226**
- ⊙ 在教育孩子上我是幸运者   226
- ⊙ 学习和实施"科学教育法"感言   229
- ⊙ 让我们走进科学教育法   232
- ⊙ 学习科学教育方法 掌握快乐学习之道   235
- ⊙ 坚信李老师的理论 孩子会越来越优秀   239
- ⊙ 一个母亲没有做好的,李老师替我做到了   241

Chapter 1
〈 第一章 〉

孩子厌学该怎么办

权威机构调查发现80%-90%的孩子有厌学情绪,家长为之苦恼,老师为之无奈,孩子更是苦不堪言。那么孩子为什么厌学,得了厌学症又该怎么办呢?

⊙ 大脑里有个东东叫 β 内啡素

很多孩子刚开始迫不急待地去学校,每天回来高高兴兴给大人讲学习的事情,可是到了二年级甚至一年级下学期,就觉得学习不好玩了,学习不能给他带来快乐,接着孩子就出现厌学情绪。为什么会这样呢?大量研究和事实证明,在学校教育和家庭教育过程中,老师和家长没有本着科学的方法来教育孩子,过量过多地加压,导致孩子不喜欢学习。刚开始虽然孩子有了厌学情绪,还是能按照家长的指导、老师的要求去完成作业,还能继续学习。可时间一长,指导方法不得当,孩子就开始讨厌学习,甚至恐惧学习,有的孩子一上学就肚子疼,这就是厌学症的一种现象。

这里,我先讲大脑学习的机理,再去探讨厌学症的预防、厌学情绪的消除和厌学症的治疗。

大脑的学习机理是这样的:人类是万物之灵,他的大脑和其他动物的大脑比起来要发达很多。我们人类的大脑,有一千亿个神经细胞,一千亿个神经细胞组成一个庞大的信息网络,它能输入信息、储存信息。一个大脑大约能储存五亿本书那么大的容量。由此,作为儿童来讲,他学习知识可以是海量的,但是要讲究方法,如果方法不得当,孩子也学不到多少知识。

首先,家长要知道孩子一生下来就是一个学习天才。他的大脑天生很发达,有一千亿个神经细胞,而一个神经细胞相当于一台电脑的容量,那整个大脑的容量就相当于一千亿台电脑。除此

之外,大脑还有以下三个特性:

1. 大脑记忆因子:β 内啡素

20 世纪末英国科学家在人的大脑分泌物里面分离出一种物质,叫做 β 内啡素,这种物质跟吗啡非常类似,它的分子式和作用都非常像吗啡。当人分泌 β 内啡素的时候,浑身会非常愉悦,大脑就变得非常聪明。

我们可以把大脑 β 内啡素理解为大脑的记忆因子,就是当孩子的大脑不断地分泌 β 内啡素的时候,他的记忆效果最好,而且能超量地记忆。这是因为大脑有三个系统:神经系统、分泌系统和免疫系统。分泌系统能分泌一百多种荷尔蒙,β 内啡素就是在这一百多种荷尔蒙里面分离出来的,是属于荷尔蒙的一种。

可能有点深奥,我举个例子大家就可能明白了。大多数成人都恋爱过,当你结婚十多年后,你坐下来跟人聊天,谈到你恋爱的那段美好时光,你仍会滔滔不绝地说当时是怎么认识你太太(丈夫)的,是怎么谈恋爱的,在什么地方说了什么,做了什么,就这样你能如数家珍似的说出来,不会忘记。十多年前,有些大事情我们已经记不了多少,但恋爱过程中的细节都会记忆非常清楚。这是什么原因?这就是你处于恋爱状态的时候,大脑大量地分泌了 β 内啡素,大量的记忆因子分泌出来,就让你对恋爱时的事情记忆得很牢,不会忘记。这就是大脑 β 内啡素的神奇力量。所以要想让孩子的大脑学习效率高,记忆好,我们就要继续创造条件,让孩子的大脑大量地分泌 β 内啡素。

2. 大脑波与记忆因子

大脑的神经系统是不断地生化和电化的过程,是不断放电的。放电就有一定的电量。我们成人的脑袋放电时,电量总和能点亮一只 25 瓦的灯泡,大脑不断地发电,就产生脑电波。我们人类大脑的脑电波一共有四段。第一段是 β 波，14-30 赫兹，处于 β 波人比较烦躁亢奋；第二段是 α 波，8-13 赫兹，人在此时心平气和；第三段是 θ 波，4-7 赫兹，θ 波值班时人表现为似睡非睡的状态；第四段是 δ 波，0.5-3.5 赫兹，这个时候人基本就睡着了。人的大脑每天就是在这四种状态中不断交替变化的，在这里，我们重点说 α 波，大脑 α 波是 8-13 赫兹。

我们有必要知道一个常识：宇宙的外层空间频率是 7.5 赫兹，人大脑波在 8-13 赫兹时，就接近了宇宙的频率。因此，人的大脑在 α 波状态时就相当于一个小宇宙，外层空间是一个大宇宙，小宇宙会受到大宇宙波的协调。当人的大脑协调到能接近宇宙波的时候，就达到了老子说的"天人合一"的程度。在这样的状态下，人的大脑能大量地分泌脑啡素，进而人进入最佳学习状态。意思就是，我们的大脑要随时地和宇宙波进行协调，大脑就能发挥最大的效率。相信此时，大家基本明白了大脑记忆的机理。

3. 快乐与痛苦——记忆比例

现在我再来说说人类大脑中，快乐与痛苦之间的记忆比例。刚才我讲了，如果人的大脑能大量地分泌脑啡素，他就会记忆好；当他不能分泌脑啡素，而是分泌一些有毒的物质，比方说，肾上腺素或者甲肾上腺素这样的物质，就会堵塞大脑的长期记忆系统。人类在地球上繁衍了 550 万年不灭绝，有一个原理就是人类是趋乐避害的，或者是趋乐避苦的。人类大脑在进化中形成了一个机制，就是愿意记忆快乐的东西，不愿意记忆痛苦的东西。当快乐的事情发生的时候，大脑的长期记忆系统打开；当痛苦的事情发生时，大脑也分泌一种荷尔蒙，这种荷尔蒙会堵塞大脑的长期记忆系统。这就是我们平常说的"好了伤疤忘了疼"的原理。

当孩子痛苦、流泪、生气、不开心的时候，你教他怎么学习根本没有用，因为他的大脑已经不能很好地分泌良性物质，同时大脑的记忆系统已经被有毒的物质堵塞了。科学家们做了一个统计，人的一生如果让你回忆起快乐的事情，大概能回忆出百分之五十到六十之间，如果让你回忆痛苦的事情只能回忆百分之三十多，这就说明我们的大脑确实有趋乐避苦或者是趋乐避害的机制。我们平时看到很多精神病人，整天无忧无虑、嘻嘻哈哈，为什么精神病人会这样？这是因为他痛苦太多，大脑承载不了了，然后大脑转换了一个平台，这样他又进入了另外一种状态，忘却所有的事情，也就没有什么事能让他烦恼了，这样看起来他是比较快乐的，这就是大脑保护。有的人痛苦严重到无法承载的时候就会死掉。可以说，人类如果不能忘记痛苦，人类在世界上就会消亡，这是人类发展的一个过程。我讲的这个科普知识，后面时常会用到。

⊙ 预防厌学有啥高招

1. 早期教育是预防厌学症的基本方法

如果你的孩子生下来之后给姥姥带、奶奶带，自己去工作没有好好带孩子，这样，你孩子的早期教育就会受到影响，接着孩子学习会比较困难，最后可能会厌学。这个说法是符合大脑科学的。一个零到三岁之间的孩子，他的大脑就像一张白纸，大人在上面画些什么他就能记录什么。这个时期是大脑发育的最佳时期，也是早期教育的最佳时期。如果这个时期我们对孩子进行了科学的早期教育，这样的孩子一般很少有厌学症的。我们经常听到一些神童，学校里排名第一、第二的孩子，都属于早期教育好的孩子。因为孩子小,没有其他干扰,大脑 β 内啡素分泌的多,他的最佳学习状态经常出现,这样就能学习好。如果你的孩子已错过这个最佳时期,请告诉身边的其他亲人,或者朋友:一个孩子能不能得厌学症,取决于早期教育。如果没有对孩子进行系统的早期教育,当他上学的时候,却对他进行疾风暴雨式的施压,孩子必然会得厌学症。把这个科普知识了解一下就可以了。

2. 创造和谐的家庭氛围

一个家庭如果夫妻经常吵架,爸爸打孩子,妈妈骂孩子,这样的家庭氛围就不是好的家庭氛围了,孩子也就不能学习好。当一个家庭夫妻和睦,每天家庭都比较和谐,其乐融融时,这样就符合了大脑的科学,孩子就能学习快乐。孩子在学校学习了一天,回到家里愉快地把作业做完,和爸爸聊天,和妈妈讨论一些生活的事情,孩子会很开心。孩子开心大脑就分泌了内啡素,他学习的知识都不会忘,孩子每天都沉浸在这种快乐之中,这就让他感到知识比较好学,学了之后也不忘。

那么,反过来一个家庭夫妻经常吵架,并且打孩子、骂孩子,家庭不得安宁,这个时候孩子是非常痛苦的,比大人还要痛苦得多。有的时候,家长会说孩子没心没肺的,什么都不懂。实际上,孩子对家庭造成痛苦的体验更深刻,更真切。因为孩子心理还不成熟,他不能正确看待家庭矛盾的原因,往往会把原因揽到自己身上,觉得自己不是好孩子,是自己学习不好,才使爸爸妈妈打架,这样就增加了他的心理负担。于是,这样的家庭氛围使孩子更痛苦,学习会走下坡路。因此,要想预防儿童厌学症,家长就要创造和谐的家庭氛围,让孩子的大脑有一个良好的学习环境,这和大脑的机理是一致的。

3. 科学饮食——多吃青菜和水果

科学饮食对孩子的大脑发育有着重要的影响。我们讲大脑学习怎么还和饮食有关系呢？我上面已经讲了,大脑是24个小时在不停地放电,实际上它是在燃烧一种能量。我们都知道汽车的能量是汽油,当没有汽油的时候,汽车就会停在路上;那么大脑也需要能量,它在运作的时候需要两种能量:一种是氧,一种是葡萄糖。氧,我们正常呼吸就能得到,这不是很大的问题。葡萄糖就不一样了,葡萄糖是血液中的血糖,这个血糖作为大脑的能量必须源源不断地供给。当孩子能大量地吃青菜、水果的时候,孩子的血液中就储存了大量的血糖,孩子的大脑就比较灵光。如果一个孩子每天大鱼大肉地吃,不吃青菜,不吃水果,经常喝牛奶等,这样的孩子多数都是厌学的孩子,因为肉类品里基本上没有什么葡萄糖,经常吃这些食物就使他的大脑得不到葡萄糖这种能量的供应,孩子的大脑也就无法进入学习状态。因此,家长和老师一定要让孩子多吃富含葡萄糖的食物,这是关系到孩子能否学习好的问题。

我讲到这里,大家想想:科学饮食是不是和大脑的机理有关呢？毋庸置疑,关系很密切。当大脑得不到足够的葡萄糖时,大脑的分泌系统就不会正常,荷尔蒙分泌也会出现偏差。大脑 β 内啡素的分泌可以说完全依赖葡萄糖,如果没有葡萄糖的供应,大脑不会正确分泌 β 内啡素,一旦葡萄糖供应不上,大脑波就会发生紊乱,也就是原来本应在 α 波段上,但是由于葡萄糖供应不足,它可能会到 β 波上。大家可能有过这种感受:人一饿的时候就会心发慌。这个感受就很好地说明了这个道理。所以根据这一点,家长就要动员孩子多吃蔬菜、水果,少吃肉。

4. 儿童食量不宜过大

儿童食量过大,学习就会有阻碍。当成人吃饱之后就感觉昏昏欲睡,什么都不想做。为什么会这样？因为过多的食物到了胃里面,需要大量的血液来帮助消化,包括大脑的血液也得支援消化系统,这个时候大脑就处于缺血状态,缺葡萄糖状态,大脑就不能很好地工作,注意力就会分散。因为 β 内啡素会停止分泌,他的大脑波也就无法达到最佳状态。

我们看到有许多厌学症的孩子,都比较肥胖,食量非常大,而且吃肉多,这样就使他的大脑经常供血不足,不能使大脑正常地进行电化和生化。这样就违背了大脑的机理,孩子就不能很好地学习,时间长了会厌恶学习。奉劝家长为了保持孩子的学习欲望,要适当控制孩子的食量。

5. 参加户外体育活动

让孩子参加户外体育活动也是一个预防厌学症的方法。孩子经常去户外活动,他的大脑就能得到很好的发育,所说大脑的发育是大脑神经系统的发育。一个孩子如果每天都有两三个小时在户外做体育活动,他的神经系统就会长得非常粗壮,这样的孩子学习就能有后劲。现在大多数孩子,因为作业过多,放学回来就蹲在家里做作业,不出屋。孩子不出屋就麻烦了,我们住的房子大都是水泥构造的,这个水泥就会阻隔大脑波和宇宙波之间的协调。有的孩子在家待的时间长了就烦,然后就看电视、上网玩游戏。假设我们的孩子每天都有时间在户外玩体育、玩游戏或搞其他活动,这样,孩子的大脑波就和宇宙波协调,孩子的大脑就会发展得很好,神经系统就会长得很粗壮,这样培养起来的孩子到了初中、高中,学习上就会有后劲。因此,为了预防厌学症,我们要动员孩子多到户外活动,而且天天如此,这就符合了大脑的科学。当人到户外活动时,大脑波就能和宇宙波协调,心情就会舒畅,同时大脑会大量分泌脑啡素对大脑进行滋养。这对孩子当天学习的知识储存都有极大的促进作用。学习了这一节后,家长一定要考虑一下自己的孩子每天户外活动的时间是多少,够不够?如果不够要立即进行调整,这样才行。

6. 走进大自然

让孩子走进大自然,这个方法实际和我上面讲的是一致的。有的孩子如果星期六、星期天都安排很多课,那么孩子就没有了走进大自然的时间。人类是在大自然中繁衍成长出来的,是不能离开大自然的。我们过去的人类都是生活在大森林里,住在海边,现在的人都住在高楼大厦里面,这就违背了最初的发展过程和大脑科学。

孩子要想学习好,必须有足够的户外活动。周六、周日要让他多去爬山,多到野外去,到公园去。这样,他的大脑就会发育的很好,再返回课堂,大脑的学习效率就非常高,大脑就会很灵光。孩子是大自然的孩子,把他整天关在楼房里,违背了他成长的过程。我们要把孩子送回大自然,要经常性地在假期中走进大自然。利用周六、周日做一个短程旅游,暑假也可领孩子到风景区去游览。这对孩子大脑的发育能起到"磨刀不误砍柴工"的功效。为了防止孩子厌学,就应该经常带孩子走进大自然。

7. 消除儿童暴力行为

最近有一个新的发现:有暴力行为的孩子,他上课注意力会不集中,学习成绩会逐渐下降。这个是不难理解的,当一个家庭崇尚暴力,孩子热衷暴力,他的大脑波基本上就时时刻刻都在 β 波以上,它分泌的物质就不是良性物质,心情也比较狂躁。由于他的大脑波始终在 β 波上,这样的孩子上课注意力是不会集中的,也无法集中。有的孩子天天打人、骂人,有的还打老师,这样的孩子很疯狂,这种疯狂不单单是男生,很多女生也很疯狂。我们深有体会,家庭一旦崇尚暴力,孩子一旦热衷暴力,孩子的前途几乎就等于零了,没有前途可言。这不是危言耸听,孩子习惯暴力就会使他的大脑紊乱,紊乱的大脑就无法学习知识,长此以往,这样的孩子最后走了一条非常危险的道路。要想让孩子成才,让孩子喜欢学习、不厌学,就必须放弃暴力,崇尚宽容。

8. 养成听古典音乐的习惯

多听古典音乐能提高孩子的学习效率。为什么古典音乐能帮助孩子提高学习效率呢？这个原理也和大脑的机理有关系。千百年来,音乐作曲家们创作了大量的乐曲,当时他们所创作的乐曲都是为宫廷贵族服务的,那时候的人已经和现在的人一样心灵浮躁,作曲家为了安抚他们的心灵就创作了成千上万首曲子,就是我们现在说的古典音乐。在这么多古典音乐中,我们就应选择节拍在每分钟 60 – 70 拍之间的、没有歌词的古典乐曲。孩子每天听这样的乐曲,能使他的大脑波回落到 α 波状态,就能使孩子大脑分泌 β 内啡素。如果形成了每天听古典音乐的习惯之后,孩子会处于安静的状态,这样孩子心情就会好,学习效率也高。（为了选择合适的古典音乐,我曾经花了一年的时间来研究实践,家长和孩子用了我编辑的学习背景音乐,试验的效果非常好,孩子边学习边听,学习效率就会提高。）

9. 妈妈要消除唠叨和焦虑的习惯

当今的妈妈有自己的职业,有孩子,又有家庭负担,这样的妈妈压力当然比较大。一旦孩子学习不好,妈妈就会非常焦虑,妈妈焦虑的结果就会唠叨孩子。那么,我们已经知道了孩子大脑的特性,每当你唠叨孩子、埋怨孩子的时候,孩子的心情就会不好。妈妈今天唠叨、明天唠叨,时间长了,孩子的听觉神经就受到了刺激。在这种情况下,孩子就会痛苦,做作业就会慢,他做完作业后对做了什么作业都不知道。这样,孩子的学习成绩就会逐渐下降。

根据这一理论,要想让孩子保持良好的学习状态,不厌恶学习,妈妈们要知道自己是不是焦虑型的妈妈,要分析自己焦虑的原因来自哪方面,然后来调整自己。特别是和孩子沟通方面,妈妈一定要注意沟通方式。我举个例子:假如你每天都唠叨,养成了唠叨的习惯,当你意识到了唠叨是错误的,意识到自己的焦虑情绪是教育不好孩子的,那么你就要改变和孩子沟通的方式,不能再唠叨了。你可以用写卡片的方法来沟通,就是当你要想让孩子做什么,给他发号指令的时候,不用语言,用文字写在卡片上告诉他做什么。语言是听觉的,文字是视觉的,这样就改变原来的听觉方式为视觉方式,孩子容易接受。家长还可以用动觉的方式结合起来和孩子交流,这样有助于消除孩子厌学情绪。

10. 引导孩子喜爱看书

现在的家庭对孩子的教育有一个误解,很多家长认为孩子多做作业就好,实际上这是毁了孩子。一个孩子多做作业,他的大脑就容易受到限制,不做作业是不行的,但多做作业就会抑制孩子的大脑。孩子能完成老师留的作业,完成了之后,剩下的时间应该让孩子多看课外书,培养孩子的阅读能力。看书也是滋养大脑,通过看书孩子的左右脑会得到平衡协调,养成看书的习惯,大脑就能很好地发育。同时,一本好书,会赋予孩子高尚的品质,会使孩子的心灵得到净化,在潜移默化中深受高尚情操的熏陶。孩子通过阅读来反思自我、提升自我,从而养成内省和深思的习惯,这对一个人的精神成长至关重要。那些喜欢学习的孩子,不得厌学症的孩子大多都是书迷,喜欢看书。因此,我们要引导孩子喜爱看书。

11. 对孩子要有理智的爱

古代乃至现代的大学者,他们都获得了充足的母爱。大教育家孔子、亚圣孟子、近代的作家老舍等,他们虽然都是寡母带大的,但都很有作为。为什么这些寡母带大的孩子反而能成长得很好呢?这是由于母亲都是在家一心一意地带着孩子,把全部的身心、全部的爱都奉献给了孩子，但是她们教育孩子是非常严格的，她们都是理智地去爱，从不溺爱孩子。

现在的独生子女就不是这样的，家长教育孩子基本都是溺爱。我接触过许多家长，他们爱孩子的方式是无原则的，甚至是病态的。一个孩子没有爱，他的大脑不会发育得很好；如果他得到不恰当的爱，不但大脑发育不好，而且会得很多病，心理疾病和身体疾病是都可能会发生的。

以上十一条，对刚入学的孩子尤其重要，要想使他保持永远有学习欲望，不厌学，按照这十一条去做，基本不会有问题。

⊙ 孩子厌学父母往往是"罪魁"

在家庭教育中有十个教育观念，是需要知道的，而且这十个教育观念不断地左右孩子的心理发展，知识的发展及其大脑的发育。为了预防孩子的厌学情绪，消除孩子的厌学情绪，我把这十个观念跟家长详细地讲一讲。

1. 教育孩子听话

现在的家庭大多是独生子女的天下。一个家庭就一个孩子，孩子整天被大人宠着，很不听话。再加上有些教育家在误导家长，鼓吹"不听话的孩子有出息"，家长更不知道该怎么办啦。

受教育者必须听教育者的话才能完成教育这个任务。现在，很多孩子有捣乱癖，不听家长的话，不听老师的话，跟老师作对，跟家长作对。这样的孩子大约有三分之一，这都是不当教育造成的。教育孩子听话最典型的例子,也是大家最熟悉的,美国最著名的盲聋哑作家海伦·凯勒,她从小又聋又哑又瞎,爸爸给她请了一位家庭教师沙利文。沙利文老师教海伦·凯勒的第一周,就是训练孩子听话,为了训练她听话,老师和这个孩子在小屋子里待了一周,经过一周的对峙。接下来,沙利文老师才能顺利地对她实施教育,使这样一个既聋又哑,又看不见的孩子上了大学,成了伟人,成为全世界学者的榜样。

许多孩子以自我为中心,谁的话都不听,也不好好学习,长大后走到社会上也会胡作非为。要想让孩子学习好,首先必须要听话。这里所说的听话教育,不是一味地让孩子顺从家长,而是要给他们参与讨论、选择、判断的机会,给他们做决定的机会。这样的教育才能让孩子的各方面得到均衡发展。

让孩子听话,培养他自主独立的思维,有他自己的价值判断,要给他民主。假如家长和孩子之间有十件事,其中有三件事,家长必须让他无条件服从,就是家长说了算;同时还有三件事就是要听孩子的,给他民主、给他选择、让他判断,让他在事物当中进行锻炼,让他知道什么是对的、什么是错的,什么是丑的、什么是美的,什么是是、什么是非。如果不给他民主的机会,不给他选择的机会,不给他判断的机会,孩子就会缺失独立自主的能力;同时还有四件事就要和孩子讨论、商量。(这就是我说的"三三四"的方法,其中三件事是命令他做的,三件事是他选择做的,最后四件事是和孩子讨论的,讨论的时候,如果你认为孩子必须那样做,当时孩子却不能接受,你就可以搁置这个问题,过几天再决定。)

2. 孩子犯错误要批评

孩子一旦犯了错误就要批评,如果是离谱的错误,还要对他一批到底。孩子犯了错误就要他承担错误导致的后果,必须进行批评,严重的还要进行惩罚。只有这样,孩子才会知道什么是对的,什么是错的。有的家长说,批评孩子怕孩子会受到伤害,我在这里告诉大家一个秘密:如果孩子没有错误你批评他,这样会伤害孩子。一旦他犯了错误,而且是原则性的错误,那你就要彻底地批评,这样是不会伤害孩子的。在我的班里面,孩子一旦犯了原则性错误,不但批评,而且会开会批评,甚至让家长都听到、看到,这样孩子才改得快。让孩子从小就有一种责任感,即他犯错误,理应承担它带来的后果,这样孩子以后就不会轻易地犯错误了。如果孩子犯错误得不到批评,还得哄着他,那我们培养出的将是一批批没有羞耻感的无耻之徒。

3. 惩戒是家庭教育中的重要一环

孩子犯错误就让他承担后果,如果犯的是离谱的错误就一定要对他进行惩戒。假如一个五年级的孩子打了二年级的小朋友,那他就犯了离谱的错误,家长或老师就要对其惩罚。当孩子犯错误时要及时批评,孩子犯了离谱的错误,不仅要对他进行惩戒,而且要及时惩戒,一旦孩子打了五个小朋友,才对他进行惩戒,就已经没有作用了。现在的社会,小偷为什么那么多? 因为他们得不到及时的惩戒。很多惯犯小偷即使是抓到派出所,没多久又轻轻松松被放出来了,然后他继续偷。(教育的原理就是,孩子犯了离谱的错误,尤其是第一次,不但要惩戒而且要及时。)

4. 家长的角色不能变

在教育孩子的时候,家长切忌和孩子交朋友。我们现在的家长和孩子交朋友,大多是一种贿赂的方式,以讨好孩子、哄骗孩子来和他建立"不正当"的朋友关系,这是非常有害的。不仅对孩子当时有害,而且长大以后,他也会想尽一切办法去讨好别人,这是个非常严峻的事情,因此家长的角色不能变。家长是什么人? 家长是教育者,如果和孩子交了朋友,那朋友怎么去批评他? 朋友犯了错误怎么能去惩罚他？家长会无法约束他。实际上，儿童就需要约束。没有约束的儿童就不能健康地成长，家长和孩子交了朋友，就模糊了界限，家长的角色就发生了变化。

5. 补课会使孩子厌学

在目前的教育界，整个社会都有这样一种普遍现象：由于种种原因，孩子在学校没有学习好，成绩下降，名次下降，于是家长就送孩子参加学习班。比如说，孩子英语没学好，家长就送他上英语学习班；数学没学好就送他上数学学习班；作文写不好就送他参加作文学习班，等等。这样一来就形成了全民性的孩子都参加课外学习班的局面。我的理解是这样的：如果一个孩子有饱满的热情、充沛的精力、积极的学习态度、正确的价值观，那么他就会在课堂上学习得非常好，这样他就不必要去参加学习班。还有，老师能用科学的方法组织教育教学，这样就能提高课堂的学习效率；老师能认真地给孩子打基础，所有的孩子就能学习好。有时家长即使把孩子都送去参加学习班，孩子还会学习不好。这样也就不必要送孩子去参加学习班了，这是教育中的普遍认识。

补课的孩子即使学习好，那么他学习这些知识就支付了两份脑能，支付了两份体能。这样的孩子时间长了，会厌恶学习，会得厌学症。为什么补课会使孩子厌学呢？由于孩子通过这样的补课，导致身体的长期疲惫，大脑的脑能长期不能恢复，孩子学习一点知识要花费正常情况下的几倍的力气和工夫才能学习到。长此以往，孩子就厌恶学习了。调查显示中国中小学生中有80%多的孩子不喜欢学习，这就是我所说的"孩子在学习当中受到了伤害"。本来放学以后是他玩的时间，本来周六上午他可以制作，下午可以种植，周日上午可以去打篮球，下午可以去图书馆看书；但现在所有这一切业余活动都实现不了，孩子们都要去补课。这样，孩子的大脑就会处在一种极大的压力之下，时间长了，孩子大脑神经系统就会发育不正常,尤其到了中学,他们开始厌恶学习、恐惧学习,一说学习就害怕,一说上学就不舒服,一说参加学习班就脸色发白。在这种变态、畸形教育的压力下,许多孩子会早恋,会上网,会吸烟,会结不良团伙,这与孩子长期补课不无关系。(我的结论是:补课会使孩子厌学,会使孩子学习成绩下降。这是家长对孩子的身体,孩子的大脑不了解造成的。因此,呼吁家长不要给孩子补课,最主要让孩子在课堂上学习好,在课堂上学习知识,这是核心的问题。)

6. 多做作业会使孩子厌学

孩子上课注意力集中,回到家里就能快速地做完作业。孩子做完老师布置的作业后,家长就不要再给他加作业,让孩子到外面去玩,玩他喜欢玩的,做他喜欢做的,这样孩子大脑就会发育平衡。有时老师作业留少了,有的家长还可能到学校跟校长告状,要不就给孩子买课外练习册做,这都是极端错误的。多做作业会使孩子成绩下降,会使孩子厌学,这是美国一个研究小组研究出来的结果。我们中国似乎是没人研究,大部分人还是停留在"孩子多做作业就能学习好"的思想里,也有一部分人已经朦朦胧胧知道,多做作业不是好事。(家长要切记:多做作业会使孩子厌学,要给孩子充足玩乐的时间,还给孩子一个快乐的童年。)

7. 贿赂老师是危险的

孩子本来在一个公平的课堂上就能学习好知识,但是有些家长患得患失,担心孩子学习不好,担心老师在课堂上不提问孩子,于是就去行贿老师。行贿老师是非常危险的,为什么呢?教育孩子要有正确的价值观。孔子说:君子求诸己,小人求诸人。如果是君子就要靠自己的力量解决自己的问题,如果是小人就要靠别人的力量来解决他的问题。是培养孩子成为小人还是君子?如果想培养他成为小人,就会让他依赖老师,让老师多给他提问,让老师多关照……家长就行贿老师,时间长了,孩子的价值观混乱了,同时孩子的学习成绩也没有提高,甚至更糟糕。我们很多家长有所不知,贿赂老师后果是多么严重。我以前接触过这样的孩子,他的家长经常行贿老师,从一年级就行贿,到三年级的时候,孩子已经无恶不作了。这是因为老师接受家长的贿赂后,都不敢管孩子了,孩子犯了错就睁一只眼闭一只眼,有时还哄着孩子、哄骗家长。我跟这对夫妻说明事情的原理后,他们改变做法,不再行贿老师,结合科学教育法进行教育,后来孩子转变得很好。(很多家长的心态不对,以为贿赂老师,孩子就能得到老师更多的关注,我在这里说明其中的道理,相信大家能体会到贿赂老师的危害。)

8. 美国成功学对中国教育的消极影响

自1995年以来,我国开放了出版业,西方的读物大量地涌进来。特别是在商业上,美国的成功学像潮水一样覆盖了中国。在这种情况下,很多中国的学者、老师、家长都来学习这些成功学的小册子。许多投机的教育家就把成功学引进教育中来,宣扬一种理念,教育孩子就必须立竿见影让他成功,只有这样教育才是有意义的。这样一来,我们的整个教育目标就是为了所谓孩子的成功影子而努力了!于是,就导致我们的学校经常组织各科各级、名目繁多的竞赛,目的是让孩子能拿到奖。再者是组织各种考试,让孩子排名,用排名证实学习的成功。家长也热衷于这些活动,迎合这种错误的导向。比如说让孩子去表演,让孩子去参加竞赛,逼迫孩子得高分,排名第一。他们认为只有这样,孩子才能获得成功。

教育有它自身的规律,他跟商业、跟工业不同。教育是一个漫长的过程,是既有教又有育的过程。某些孩子在某些学科的学习上要经历漫长的时间,在这种情况下,根本看不出孩子的成功,但他为未来的成功在打基础。如果我们不这样看,就有类似孔子说的"不戒视成为之暴"了。我们不按照教育的规律办,而是按照成功学的思想办,那么就会有极少一部分孩子获得暂时的成功,而这些孩子也只是为了成功的影子而学习,到最后他还是会厌学;剩下的大多数孩子在这种成功的教育下就会受挫。因为家长和老师要求孩子要出人头地、要比赛获奖、要争第一名、要得100分,这样一来,孩子的学习就受到冲击,很难按部就班地打好各科基础,最后成功的寥寥无几。

孩子还很小,让他上学,他只要喜欢学习就行了。一个孩子如果从小学开始喜欢学习,到初中依然喜欢学习,到高中还喜欢学习,到大学依然喜欢学习,那么他最后的成功是必然的。如果孩子他从小不喜欢学习,我们逼着他学,逼着他竞赛,逼着他考第一,那么他这个学习的道路就不会持续很久,最终他会厌恶学习,甚至会放弃学习,这样也就会影响他的一生。实际上,在我们中国整个社会,在成人群里,很少看到有人在学习。这是什么原因呢?就是因为,这些人从小就受到了学习的伤害,他一生都不喜欢学习。

孩子学习的过程是一种体验。他以快乐的心情去学习知识,从学习知识中获得快乐,这样的人生过程就是成功的。很多家长却不是,优秀的孩子还要送他去学,学完还得考级,还得排名……这样就把孩子毁了。

因此,美国成功学对我们家庭教育和学校教育带来的负面作用是极大的,在这里我明确地提出:必须消除美国成功学对中国教育的影响。

9. 张扬会使孩子失去羞耻感

张扬是美国人倡导的一种文化。在美国,一个孩子可以无限地张扬,在中国就不行,你试试个性张扬的孩子肯定朋友很少。有些非常优秀的孩子被送到我跟前,家长说:"李老师,我们就是想让孩子能和其他孩子交朋友,其他方面你不用管的,他学习非常优秀。"为什么学习非常优秀的孩子会交不到朋友呢?原来这个孩子就是喜欢张扬,哪个学科上课都举手,极力显示他的学习强项。后来,我就告诉他:"你要想和别人交朋友,你就得改变张扬的做法。你不用张扬的,你的自信心那么足还张扬什么。你回答的题别人也可以回答,你多去帮助那些学习差的同学来提高学习成绩,这样不就搞好了人际关系了么?"张扬教育的错误指导下,许许多多家长、老师,甚至校长都产生了很强的虚荣心,唆使孩子去参加各种各样的比赛、表演、演出等,以期望通过这些比赛来张扬自己的势力。张扬最后使孩子已经不能把心思放在学习上了,成天想着怎么样打击、报复比自己强的同学,孩子都成了一群"无耻之徒",张扬使孩子失去羞耻感。如果一个孩子失去了羞耻感,这个孩子教育起来是非常困难的。

10. 家长虚荣会导致孩子厌学

家长应以一种怎样的心态来看待孩子的学习呢?我想,孩子学习就是学习,能在学习知识中获得快乐,以快乐的心情去学习,这个过程就是学习的最高境界。如果家长的虚荣心作怪,总要求孩子考试要得 100 分,排名要第一,总之就是要比别人的孩子强。孩子考了第一名,家长就到处炫耀,跟亲人说,跟同事说,跟邻居说。孩子偶尔没考好,家长就气急败坏,会责备孩子、会骂孩子。现在很多家长都不知道,孩子学那么多为了什么?孔子有句话:古之学者为己,今之学者为人。也就是两千五百多年前孔子就观察了一个事情:就是说以前的人学习都是为了自己,为了丰富自己的知识,为了自己的乐趣来学习。那么现在的人学习都是为了给别人看,看他孩子得了第一名,看他孩子获得了什么奖,等等,这都是炫耀,都是满足家长的虚荣心。长此以往,孩子就会厌学,就算孩子最后能学习好,思想也会有问题。

(家长一定要消除虚荣心,孩子喜欢学什么就让他去学,不必让孩子和别的孩子攀比,这种虚荣要不得。如果家长虚荣,孩子也会虚荣,最后会使孩子厌学,思想也不健康。)

Chapter 2
〈第二章〉

父母的盲目"坑害"了孩子

每一位家长都会有"望子成龙"、"望女成凤"的心理,甚至把自己的全部希望都寄托在孩子身上,出发点是好的。但是由于缺乏科学的方法,在教育孩子方面又存在一定的盲目性。平常与孩子交流较少,即使关心,也只停留在孩子考试的分数和名次上。不知不觉就陷入了家庭教育的误区,并且可能越陷越深。

⊙ 错误一：只要投入就能有回报

我们的家长普遍有这样一种思想,从孩子呱呱坠地起就下决心要努力工作,以创造更多的财富,给孩子提供最好的学习条件。大家都认为只要这样,孩子就能学习好。甚至有的妈妈连工作也不要了,在家里做全职妈妈,把全部的精力放在照顾孩子的学习上。她们常常在生活和学习上给孩子创造非常优越的物质条件。比如在孩子的学习方面,给孩子买各类书籍,以及广告宣称能提高学习成绩的各种电子产品;还花很多钱把孩子送到各种各样的学习班、兴趣班,等等。在生活方面,做妈妈的花很多时间和精力给孩子做精细食品,买各种营养品。她们这样做的目的只有一个,就是希望孩子成龙成凤。

往往事与愿违,很多全职妈妈却使孩子产生厌学症。为了孩子,先生在外边打拼,全职妈妈的目标就是帮助孩子提高学习成绩。自己全身心地为孩子服务,孩子学习的事情怎么能搞不定呢?在这种心理驱使下,全职妈妈费尽心思:陪孩子做作业、监督他、给他加作业……全部精力都投入到孩子身上去了,这样做的初期,的确会有一个明显的回报,但不难发现,凡是被陪伴读书的孩子,到了小学高年级或者初中,大多数都会厌学。这是什么原因呢?我们可以分析一下,在小学低年级阶段,孩子年龄比较小,迫于家长的权威,他会努力学习,可能取得让家长满意的成绩。但是随着年龄的增长,孩子逐渐有了自己的主见和叛逆的心理,就会对家长有抵触的情绪,接下来就会出现学习滑坡的现象。所以,我们说"只要投入就能有回报",这种想法是极其错误的。

（其实,只要我们家长能懂教育的科普知识,把生活变得简洁一些,让孩子自觉主动地学习并在其中获得快乐,是最好的。在一个家庭里,家长对孩子的期望值越高,孩子受到的压力就越大,在这种巨大的压力下,孩子总是战战兢兢,生怕一不小心辜负了父母,害怕考试考砸了,会遭到父母的抱怨、指责。想想,孩子处在这样的一种心理状态,怎么能全身心地投入学习呢？怎么能在学习中获得快乐呢？所以,家长一厢情愿地投入,不一定能得到所期望的回报,有时甚至会适得其反。）

⊙ 错误二:死看死守,就能学习好

这也是我们家长的一个普遍看法。很多家长认为,幼儿园和小学低年级的孩子,自控能力差,就是要陪着他,对他死看死守、寸步不离,监督孩子学习就成了家长的任务。于是,孩子一放学回来,家长就在一旁看着他写作业。其实这种做法对孩子有很大的害处。这是因为孩子在学习的时候,大脑要进入到一个很静的状态,这样孩子的大脑波才能处于学习状态的波段,也就是我们所说的 α 波段。在这个波段,孩子学习的信息才能顺利地送入大脑。这时,如果家长在身边,孩子比较容易烦躁,作业虽然做完了,但是孩子的大脑不是最佳状态,因此达不到做好作业的目的。

死看死守还有一个更大的危害就是有些孩子从小被父母死看死守地学习,发展到最后是父母不在身边,他就无法学习,非得父母守在身边不可。

有的孩子在家长的陪伴下,也会学习很"好",这里的"好"为什么要加引号呢?因为孩子在家长的权威面前是必须得好好做,长期这样下去,孩子不能自主地、独立地学习,不能养成自律的习惯,这样就会随着年龄的增长和年级的升高而产生厌学情绪。我可以告诉大家,凡是从小被家长死看死守的孩子,到了中学就会厌学,达到95%以上,因为家长这样的死看死守,违背了一个孩子正常成长的过程,违背了孩子成长的规律,孩子不能很好地发展,对学习的态度始终不能端正。

（实际只要孩子白天在课堂上学习注意力集中,回家后都能很好地完成功课,就能学习好。如果我们对孩子死看死守,孩子的大脑处于焦虑状态,上课时注意力不能集中,回家后要家长辅导,这样就会形成一个恶性循环,所以我们所有的家长,尤其是小学生和幼儿园孩子的家长,一定要从小培养孩子独立学习的习惯。）

⊙ 错误三:学习就是做作业

我们很多家长认为"孩子做作业就是学习"。所以,孩子在完成了老师布置的作业后,家长再给他附加一些作业,特别是到了周六周日、寒暑假,都会给孩子安排大量的作业,这是不对的。实际上，作业只是孩子学习生活中的一小部分，不能耗时太长，我的主张是孩子的作业"一做就完"，这个"一做就完"的意思是孩子做完老师留的作业后，就不要再附加了，剩下的时间由孩子自由去支配。如果孩子在作业上耗时太长，会促使孩子产生厌学情绪。然而，作业多是我们中国的一个特色。那么为什么孩子要做很多作业？这是因为老师没有科学的方法使孩子在课堂上就把知识学习好，于是，各科老师用多留作业的方法，来增强孩子对知识的记忆，老师依赖作业，认为只有多做作业才能增强孩子的记忆，提高孩子的成绩，他不去探求其他可以提高学习成绩的方法。老师给孩子留的作业本身就很多了，家长还再给他加作业，于是孩子就厌学了。所以，孩子厌学大多数是多做作业造成的。因此说作业不要给孩子留太多，要一做就完。

"孩子做作业就是学习"，这种看法是非常错误的。对于儿童来讲，学习的内容和形式是多种多样的，例如，孩子养个小动物、种一盆花、做个手工制作，都是学习；孩子在外面进行体育活动，也能开发大脑智力。我们的未来社会也不需要只会考试得高分的作业机器。

> （一个孩子，不仅要喜欢学习，还必须培养多种能力，这里所说的能力，是各方面的综合能力，我们对学习这个词汇要更加宽泛地理解，孩子学习有很多项目，看书、做义工、制作等都是学习，不要只把作业看成是孩子学习。这个观念要不得。）

⊙ 错误四：学习不好就补课

孩子学习不好，我们家长惯用的方法就是把他送到课外学习班，或者请家教。我们做了大量的观察，发现家长这样做，大多对孩子的学习是没有帮助的。因为学校的课程设计和授课进度都是符合孩子接受能力的，如果孩子上课注意力集中，就一定能够学习好，不需要再去请家教补课。请家教和补课有时会适得其反，原因有以下几点：

第一，从时间上来看，孩子在学校花费了大量的时间和精力来上课，周末本应该放松休息，可是家长还要让孩子去参加各种学习班或者请家教补课，这样孩子的大脑和身体没有得到足够的休息，整个身心都是疲劳的，他也就无法学习好。

第二，有的孩子在学校的课堂上没有学好，那么他在学习班就能学好吗？实际上多数是不能的。因为没有学习好，多半是孩子自身的原因。如果这个原因不被发现和解决，家长又把他送到学习班或者是请家教补课，仍然不会提高成绩。

第三，孩子大多会认为补课本身就是一件羞耻的事情，孩子带着羞耻心去学习，不能使大脑很好地投入到学习中，所以我们会听到许多家长抱怨"我的孩子学习不好，请了几个家教也还是没有补好……"

所以，孩子学习不好，首先要分析他学习不好的原因，他的大脑是不是不在学习状态,为什么不在学习状态?这可能会有很多原因,营养不良、思想焦虑、与同学和老师的关系没有平衡好、家庭气氛不和谐,等等,这些都会影响孩子的学习。

(找出问题并且找到解决的对策,孩子如果以快乐的情绪投入到学习中,他就能很好地学习,成绩自然就提高了。这样孩子就不用去参加学习班,他就有了其他活动的时间,并且在周末得到足够的休息,下周有充沛的精力投入到新的学习中,孩子就进入了一个良性的循环。)

⊙ 错误五:一味刻苦就能换来好成绩

我们很多家长有一种传统的认识,认为学习必须"头悬梁、锥刺骨",必须努力刻苦。这种教育文化产生在我国的农耕时代。那时许多孩子都学习农业技术,学习手工、练功、练兵、练武等,这些偏重体能的训练的确需要苦练。

有人可能会问,那些清华、北大的学子们、高考状元们的成绩难道不是刻苦得来的吗?是,但是他们中的大多数是自主的努力学习,能从学习中获得快乐,在他们看来,学习求知是一件快乐的事情。

可是我们大部分孩子认为学习是一件痛苦的差事,对学习丝毫没有兴趣可言,完全是为了完成家长和老师交给的任务,我们还让他刻苦学习,这样就会出现问题。当孩子在低年级的时候,家长可以动用家长的权威让孩子刻苦学习,在家长权威的压迫下,有的孩子成绩的确不错。但是到了高年级以后,情况就会改变,因为随着孩子的成长,他的大脑发生了变化,以前的学习方式对他产生了危害,他花费了很大的心力,并且牺牲了所有的玩乐时间,所以这时候孩子就会产生厌学情绪。很多孩子小学阶段在妈妈的陪伴下成绩很好,到初中就退步了,就是这样来的。

（一个孩子的学业道路是漫长的,在这漫长的求学路上,孩子过早地用刻苦的方法来提高成绩,就提前预支了大脑的脑能、身体的体能,接下来的学习中就没有足够的精力按照父母这种刻苦学习的方式再继续下去,孩子的学业就不可持续发展。所以,家长不能用这种"破坏性开采"的方式来开发孩子的智力,这种方法在经济上不适用,在教育上同样也不适用。）

⊙ 错误六:只要玩乐就是浪费时间

在我们很多家长看来,孩子的玩乐既浪费时间又没有意义,时间是宝贵的,要用来学习才行。其实,孩子的玩乐本身就是一种学习,孩子在玩乐中探索知识、培养求知欲。如果孩子有足够的时间玩乐,他不但不会因此荒废学业,反而会更喜欢学习。因为孩子的童年就是一个玩乐的童年,爱玩耍是孩子的天性,也是他的一门必修课。我们现在的大学校园里,没有多少孩子真正学习的,可能只有不到20%的孩子还有一颗求知的心,大多数孩子都是为了获得文凭而应付考试,他们大多数业余的时间都在玩。这些现象就印证了我说的道理:小时候没玩够,长大后来补课。这样孩子们虽然有了一张文凭,却没有多少真才实干。

可能我们有的家长直观地看待孩子的玩乐,认为孩子一玩耍就不喜欢学习了。事实上,如果我们在孩子小时候就给孩子开辟出一个时段,让他快快乐乐地玩耍,比如:孩子每天放学回来打一小时篮球,形成了一种规律,他每天玩过之后冲一个澡,然后就能很好地投入到学习中,他能学习得更好,同时他的智力开发得也很好。最可怕的就是不让孩子玩,整天把他关在屋子里学习,这样的孩子到了高年级的时候一定会厌学。

(孩子到了青春期或性成熟期,他的大脑就会焦虑,就要用其他的方式去缓解这种焦虑,体育活动是缓解焦虑的一种方式,孩子养成了玩乐和运动的习惯,就善于用这种方法缓解焦虑。否则,孩子焦虑就严重影响他的身心发育,他就会不喜欢学习,有的还会早恋、染上网瘾、在班里拉帮结伙,等等。)

⊙ 错误七:只要学习好其他都不重要

这也是我们多数家长的一种观点,也就是说我们对孩子要求的指标只有一个,就是学习要好,考试成绩名列前茅。实际上,一个孩子的发展、成长,不只是要学知识,在其他方面,比如品德、体育、手工、人际关系等诸多方面都要有均衡的发展,孩子必须有爱心,必须喜欢劳动,必须学会宽容、讲诚信、尊重别人、有良好的人际关系、与他人协作的能力,对社会有责任感、有较高的思想境界,具有爱国情怀、民族意识……这些优秀的品质都是非常重要的。如果只重视孩子的学习成绩,对孩子不良的思想不屑一顾,这样培养出的孩子只能给社会带来很多不安定的因素。震惊中美的卢刚事件,就证明了这种危害。卢刚是就读于美国爱荷华大学的中国博士留学生,于1991年11月1日在校园中枪击射杀数人。卢刚杀人的直接原因就是他没有获得博士论文最高奖学金。该事件在当时曾震惊中美两国,也引起了一场关于中国教育弊端的讨论。

(所以,孩子只要学习好,其他的都不重要,这种思想观念千万要不得。有这种心态的家长,孩子不但不能搞好学习,而且整体的发展都会很糟糕。我们经常会看到很多这样的例子,有些孩子学习成绩虽然很好,而思想问题多多,遇到一点压力或者挫折就产生轻生的念头。希望大家能摒弃这一错误的观念。)

⊙ 错误八:创造良好条件就能学习好

我们的社会经济飞速发展,很多家庭非常富有,他们有能力给孩子创造非常优越的物质条件,送孩子去贵族学校。大家会看到这样一种现象,一到升学的时候,家长就为孩子选学校的事费尽心思,有的甚至不惜花巨大的代价来给孩子择校。那么是不是我们给孩子创造了良好的物质条件和学习环境,他就一定能学习好、发展好呢?答案是否定的。

事实上,孩子能不能学习好,取决于他自身的素质、他学习的方式、他对学习是否有兴趣,等等,并不是普通学校就不能培养出人才,也不是进了贵族学校就一定能成才。家长应该要做的就是培养孩子的学习方式、责任感、心理素质等,这样孩子就是在普通学校也能成才。我们培养孩子从小热爱学习,从学习中获得快乐,这一点是最重要的。如果家长用经济的头脑,认为给孩子多投资,就能给他一个很好的未来,这样的想法会导致我们的家长在孩子学习上没有务实,像踩在棉花上一样,没有脚踏实地对待孩子的学习问题。大家一定要谨记,知识是不能用金钱买来的。

⊙ 错误九:宁可荒废也不降期许

很多初中孩子学习基础非常差,并且无心向学,学业基本已经荒废了,但是他们的家长仍然不顾现状,对孩子仍抱有极大期许,还不切实际地希望孩子能上一流的大学,还有可能冲击状元。几乎所有的家长都想把自己的孩子培养成一个大学生、研究生。但是由于某种原因,孩子在成长中出现了问题,没有按照家长的意愿把学习搞好,荒废了学业。这时家长必须降低期许,必须明白一点,不是只有上大学才是唯一的出路,也不是所有的孩子都要走上大学这条路。

衡量一个人的成功,要走多元化的发展道路,一元化的成功不能算是真正的成功。在社会中,成功有很多种方式,也有很多种途径。俗话说:三百六十行,行行出状元。所以家长应该解放思想、摒弃俗套,根据孩子的实际情况,帮他设计合理的人生路,让他有一个美好的前程。

(如果孩子学业荒废,家长就不要再让他去实现他的大学梦了。我们可以让他到技术学校学习掌握一门或几门操作技术。如果在这种情况下,家长还没有从孩子的大学梦中醒来,还在为孩子择校,逼迫孩子做好学业,最后弄得家长和孩子都心力交瘁,甚至影响了家庭气氛和亲子关系,因此,我们的家长一定要有正确的选择。)

⊙ 错误十:孩子问题都是别人的错

我们的家长,在孩子的教育上出问题,很少检讨自己,而大多数却会怪罪别人,找各种各样的借口——诸如什么先生不在家,自己带孩子不容易;自从换了某某老师,孩子就没有学习好;或者就是受了一些不好的孩子影响,等等。孩子出了问题,实际上大多是家长的教育出了问题,家长在教育孩子的整个过程中,包括教育的理念、方法上出了问题,有问题的家长当然就会带出有问题的孩子。所以,当孩子有问题的时候,不要埋怨别人,也不要埋怨学校,更不能埋怨孩子,而是要反思自己在整个教育过程中哪里犯了错误,哪一个环节出了问题。

(修正教育观念,学习科学的教育方法,慢慢把自己调整过来,想要改造孩子,先要改造自己。家长要通过自己的学习,改变错误的教育观念和方法。这个过程也许会很漫长,要有信心,要有耐心,不能有急躁情绪,只有家长自己改变了,才有可能改变孩子。)

Chapter 3
〈 第三章 〉

身为父母得懂点教育

　　教育有本身的特性，在实践科学教育法的过程中，我们发现很多教育中的特性不被人们所认识，这样教育者在教育孩子的时候，或者教育学生的时候就会发生偏差，致使教育不能很到位地实施，因此，有必要在这里先讲一下教育的十大特性。

⊙ 教育是一门科学

为什么说教育有科学性呢？办教育、组织孩子学习，那么孩子用什么学习呢？他是用大脑学习。大脑是什么呢？大脑是当今三大科学之谜之一（当今有三大科学之谜：一个是宇宙之谜，一个就是粒子之谜，第三个就是大脑之谜）。到了 21 世纪，大脑之谜仍然是科学家极为关注的。大脑对人类来说，还是一个未知的领域，孩子学习离不开大脑。以往孩子学习的一些规律，是根据漫长的教学实践总结出来的，有的符合大脑科学，有的却不一定符合大脑科学。

比方说幼儿园就不能学习数学，一年级的儿童，你要让他刻苦学习，努力学习，那他就受不了，这都是由儿童大脑发育得原理决定的。如果不相信科学，乱操作，提前教孩子奥数，孩子大了就厌恶数学。我们今天讲的教育的科学性，实际上与大脑科学密切相关。

大脑科学浸透在教育的方方面面，只是我们不知道而已。有一个初二的女生，喜欢上同班的一个男生，她知道不能公开这个秘密，可是她就是非常喜欢这个男生，因此她感觉非常痛苦。她的理智告诉她不能去喜欢这个同学，于是她就跟妈妈说她想转学。后来，她妈妈来找我咨询，孩子也坐在一旁听我们谈话。我先给她讲，发育到青春期的时候，一个女孩喜欢上一个男孩，或者是一个男孩喜欢上一个女孩，这是正常的。如果不喜欢，反而不正常。这就消除了她内心的犯罪感,解放了思想。接着我又告诉她一些怎么把那个男孩的形象从她大脑里删除的技术方法。我给这个女生的咨询,就是一种教育的科学。是什么科学呢?消除内心犯罪感用的是心理科学,教她删除大脑中同学的形象,又是大脑科学的原理。后来她把我说的那些话中的关键语句,写在纸上,贴在墙上,自我学习一段时间,一切恢复正常,效果非常好,当然也没有转学。

再比方说,一个孩子,他注意力不集中,上课会说话,不停地说,老师一定会批评他,他也会接受,但是过一会儿他又说话。我们的老师,如果不懂这里面的科学秘密,就会怪罪孩子,就觉得这个孩子故意捣乱,德行有问题。事实可能是这个孩子,参加的学习班过多,承受的压力过大,老师和家长给他增加了很多的课业负担,他的大脑神经根本就承受不了,因此,为了缓解自己大脑的压力,他选用了说话的方式。这是心理科学的范畴。还有可能孩子长期不吃青菜,而是多多吃肉,于是,他的注意力就会不集中,而且动作缓慢,做作业磨时间。什么原因呢?我们的大脑需要五十多种营养素来维护它的神经系统,如果孩子十多年来就没有好好吃青菜,而是吃了很多肉,这样他大脑的神经系统就会处于千疮百孔的状态,因此在承载知识和传递信息的时候就会发生障碍,这属于营养科学,也属于大脑科学。

我以上举的这些例子,是想告诉大家,教育是一门科学,不但是科学,而且还是一门顶级科学。

⊙ 教育得讲点艺术

在我们的生活当中,很多事情都讲究艺术性,教育也有艺术性。那么教育的艺术性是怎样的呢?

举两个例子:家长会经常抱怨孩子不肯朗读课文,老背不会,作文也写不好。为什么会这样呢?这里面有一个艺术性的问题,如果一个孩子,按照艺术家的朗诵方式来朗诵课文。孩子就会从抑扬顿挫的朗诵中获得快乐,获得快感,于是,这一篇课文他就愿意读,记得也快。可惜,很多老师都做不到这一点,在领着孩子读课文的时候,非常呆板,语音语调非常生硬,透过他的朗读,看不出这篇文章的语言文字的美。家长如果发现这个问题,就要积极弥补老师的不足,例如新浪的聊天室就有专门朗诵课文的房间,如果你去听一听,听一段时间你就能学会,这样,你再教孩子朗读的时候,可以用这种方法。我指导过的一位家长,他用这种方法教完孩子,孩子到学校朗读课文,那些感人的语句,经他朗读,大家听着都十分感动,甚至有的同学都流下了眼泪。朗读课文用艺术性的方法,孩子喜欢,而且记忆深刻,这就是教育的艺术性。

再举一个数学的例子,比如一个一年级的小朋友,他对于减法不大理解,有时候老师举了很多例子,他也不懂。高明的老师是这样做的:他拿十个树叶放在桌子上让同学们看,他用嘴一吹,原来的十个吹掉了四个,问剩下几个,这就是减法,孩子们一下就懂了什么叫减法,这就是教学的艺术性。

在教育孩子的行为规范方面,也能用艺术的方法来解决,这样更显得巧妙。当然,所说高超的教学艺术,这是要经过学习和实践的过程。

(教育有它的艺术性,懂得了这个道理,家长可以去学习一些,有助于更好地教育孩子。教育的这个行业如果提高到一个艺术的层次来思考,这对于教育孩子的意义非常大。)

⊙ 教育有个平衡性

家长有时候会抱怨孩子学习偏科,比方说这个孩子数学挺好语文不行;语文不错英语又不行,等等。他会抱怨很多,怪孩子做不好,不能做到尽善尽美。这里面就有一个教育的平衡性问题。

平衡性要从几方面考虑,首先是大脑的平衡性。所说大脑的平衡性,就是我们人类有左脑和右脑,在实施教育的时候,我们就要考虑孩子的左右脑的平衡,也即老子说的阴阳的平衡性。比方说一个孩子降生之后,他的艺术天分很快就能显露出来,但是我们没有及时地对他进行艺术教育,如画画、唱歌、跳舞、体育活动,等等。这样,孩子的艺术天分就会被扼杀。现在,由于要贯彻上级的教育政策,很多学校在组织教育教学的过程中就忽视了孩子大脑的平衡性,主要表现在课程的安排上。例如:小学生本来应该多学唱歌、体育、美术、舞蹈等一些发展右脑的学科。但在实践中不是这样的,老师会阻止,家长也会阻止,甚至在幼儿园阶段就只对他实施左脑的教育——语文、数学、英语,等等。

本来,学校每周都会安排一到两节音乐、美术、体育课,但多数情况会被语文、数学、英语老师所占用。这样孩子每天上的课几乎就是一样的了,时间一长,孩子就会厌烦。为什么呢?因为孩子的左右脑失去了平衡。现在中小学生中有80%的孩子有厌学情绪,就是因为在孩子智力发育的时候没有做到保持左右脑发展的平衡性,而是一头重一头轻,孩子的左脑过多地承载了语文、数学、英语的学习,右脑却空着。这样两个大脑就不能进行很好的交流,因此就导致了孩子在学习的时候效率低下。时间一长,孩子的大脑就产生焦虑,最后厌恶学习。

有关教育的平衡性,再讲一个问题:对孩子的教育要做到智力因素和非智力因素的平衡。在实施教育的时候,非常强调智育的发展,就是孩子一定要把功课学好,打高分,排名第一,只要孩子学习好,什么都行。这种情况在全国非常普遍,尤其社会发展到今天,这种功利性更加严重,严重导致智力因素和非智力因素的发展不平衡。非智力因素培养主要讲的是道德品质的培养,这对孩子的成长是非常重要的。古人说:"厚德载物,上善若水",这就告诉我们,即使学习再好,如果德行有问题,也不能使他的学业发展到一定高度,也就是说他做不到厚德载物。"厚德"就是有一个非常好的社会道德行为,只有这样他各方面才会优秀。

虽然孩子可能暂时学习不好,如果他道德品质好,他有一颗善良的心,他爱爸爸,爱妈妈,尊敬老师,团结同学,有这种道德的驱使,他努力学习,最终可能也会把学习搞上去。反过来,如果一个孩子非常聪明,考试谁都赶不上他,但是这个孩子道德品质有问题,什么坏事都做,在他小时候,看不出这种劣行对他的学业有什么损失,可能因为他的能力弱,侵害性也比较小。但到了初中、高中,他的行为侵害性就会增强,由于经常侵害别人,他就会受到限制,受到限制之后,他的大脑就会焦虑,这样就会导致他的学习成绩下降。因此,在实施教育的时候,一定要注意教育的平衡性,即智力因素与非智力因素的平衡性,这是非常重要的。

(一个品德好、思想端正、价值观正确的孩子,学习上有了问题,他自己就会去改正。因此,家长和老师都应该在教育孩子的过程中有意无意地渗透道德品质的教育。左右脑的平衡,智力因素与非智力因素的平衡在教育孩子的过程中是非常重要的,家长、老师在教育孩子的时候要注意到这种平衡性。)

⊙ 教育也需要和谐

教育是一个温馨的事业,是一个和风细雨的事业,它必须强调和谐。什么叫和谐?"和谐"这个词最早来源于我们古人学音乐的时候,是讲音乐中的和谐,今天我们提倡要建立和谐社会,实际上,教育最讲究的也是和谐。如果我们把一个学校、一个班或者是一个家庭这样的教育场所,变成一个硝烟弥漫的战场,每一天都在吵架,孩子之间吵架,老师和孩子之间吵架,或者是爸爸、妈妈与孩子吵架,这个环境就不和谐。那么,在这种环境下教育出来的孩子,一定不和谐,教育的成果就会大大地降低。

这个和谐性,也是大脑的需求,我们一个家庭每天都处于快乐的环境当中,处于温馨的环境中,处于亲子之间非常和谐、互相尊重的气氛当中,那么孩子的大脑就很容易处在学习的最佳状态,接受教育的最佳状态,这个时候学习效率非常高,效果也好,学得也非常开心。反过来,我们每天训斥孩子、批评孩子,有时候还打孩子,夫妻之间又互相抱怨,那么这个孩子就是有心把自己的学习搞好,但是他的学习效率仍然是低下的,他的成绩还是上不去。这样孩子的大脑由于在这种不和谐的环境里,受到的刺激使他的大脑始终处于 β 波状态,这是一种狂躁的状态,在这种情况下,孩子的大脑长期记忆系统处于关闭的状态,尽管孩子学了很多,孩子学习的时间是多么多么长,由于他的长期记忆系统是关闭的,他是无法把知识学进大脑的。再反过来,如果我们的家庭是温馨的,孩子是快乐的,那么他的长期记忆系统又打开了,他学什么就能装进大脑里。作为一个孩子如果在快乐之中的话,他不用花很多时间就学会了,大部分时间他都会去做他喜欢做的,玩他喜欢玩的。这样,孩子的教育又从和谐的状态走到了一个平衡的发展状态,因为他有业余的时间去玩他右脑开发的一些事情,可见和谐在家庭当中是非常重要的。

在学校、在班级也是这样,比方说一个老师,他总用考试排名的方法刺激孩子努力学习,这样就会导致孩子们互相嫉妒,都希望对方考砸,这样的一个不良心理,他怎能在课堂上把知识学好?有时候,我们的老师还训斥他,还把学习不好的孩子排到最后边,这都是一种不和谐的方式。这种不和谐的方式最终导致教育水平的低下,教育的效果不明显。我们老师辛辛苦苦地工作,但是得到的是整个班级的不和谐,学生的成绩参差不齐。这样就使老师觉得教育这个工作自己不应该做,做这个工作太倒霉了,还使自己身体不好。

我曾经见到一位老教务主任,现在他从事工会工作了,他对我说:"李老师啊,你给老师们讲讲心理学吧,这些老师大多数都有病,病缠身。"老师们为什么会病缠身呢?因为教育这活他干得太累了，太不和谐了，他每天都是在痛苦之中度过，回到家里又没有温馨的家庭对待他。由此可见，建立和谐环境的重要性。所以，我们要想把孩子教育好，必须创造和谐的教育环境。

⊙ 教育效果在未来

所谓教育的未来性就是判断我们今天对孩子实施的教育是不是正确，现在或短时间内看，是看不出来的，即使能看出来，看到的也只是表面现象。比方说，我们家长认同了很多教育家的观点——对孩子要鼓励，要表扬，要欣赏。于是孩子作业做得好表扬他，打高分表扬他，做了好事表扬他，等等。虽然这能收到效果，但这是暂时的。你再过五年、十年来看，就会发现这是错误的。为什么是错误的呢？因为这种表扬把孩子的价值观扭曲了。学习本来是孩子的职责，而不是老师、家长的事情，作为学生他就应该好好学习。老师、家长要做的就是为孩子创造良好的学习环境。

我们应该从小给孩子灌输这样的价值观——学习是"我"的职责。如果家长不这样做，只用表扬的方法教育孩子，那么孩子就会变得无耻。为什么孩子会变得无耻呢？因为他会觉得学习是妈妈的事，你请我上麦当劳我才好好学习，你给我买一个电脑玩具我才考百分，这样时间一长，孩子的价值观就扭曲了，但这种扭曲在当时是看不出来的。你当时看到的只是：我一表扬，孩子就能好好学习，成绩就能提高。这样，你就觉得表扬很有用，以后还是要继续表扬。可是时间长了,到了初中、高中,孩子就会变得非常无耻,他就会觉得学习是别人的事,与他自己没有关系。按理说高二、高三的孩子都是成人了,应该懂事的,但是在这个阶段的孩子,有这种无耻行为的人却非常多。

我记得有一位家长曾经对我说,她的孩子过生日向妈妈要1000元,妈妈说给他300元,他就不干,还威胁妈妈——如果你不给我1000元钱,那黑管我就不吹了。你说这孩子的价值观不是扭曲了吗？黑管给谁吹的,给家长吹的吗？那不是你学习的艺术特长？吹黑管是你自己的事情,你为什么要用不吹黑管的方式来威胁妈妈呢？可见孩子变得多无耻。可悲的是这种无耻是家长一步步教育出来的,孩子根本不觉得这是无耻。这个就与我们家长不知道的教育的未来性有关。

今天提出教育的未来性的目的就是让大家清楚,我们所接受的教育信息是否正确,这是不能立即被验证的,要到五年、十年、十五年之后才能得到验证。因此我们一定要提高自身的科学素养,自己去判断这些理论是否正确,然后对孩子实施教育,这才是非常正确的思路。实际上,在诸多的行业中,只有教育的未来性最为显著,其他行业只要你做错了,立即就能反映出来,比如说,经济这个行业,如果政策是错的,经济倒退是必然的,短时间内就会反映出来。经济和教育就有这样的一个对比关系,经济立即能体验,教育就不行,教育要等五年、十年、十五年以后才能知道对与错。在教育这个行业中,学术出现了疯狂造假的情况,也是由于这样的一个特殊性造成的。教育的未来性是值得大家深思的一个问题,提高对教育方法的鉴别能力也是非常重要的。

⊙ 教育有点像怀胎

教育的孕育性是什么意思呢？我来解释一下：我们单从教育这两个字来解释，它就有两个意思，一个是教，一个是育。"教"就是我们今天教孩子，让他学习一些知识，让他学会一些道理。那他学完之后是不是就能会了？是不是都理解了？是不是在以后的生活中就能用了？这个往往是不能的，他还要把你教的这些知识装到大脑，然后经过他大脑的漫长的孕育过程，或者是根据他生活的经历过程，才能起到教育的作用，这就是孕育的过程，也就是"育"字的意思。就好像一个母亲，她怀孕的时候，是不是怀孕了就能生孩子了呢？不能，她要有九个月的孕育过程。所以说，教育是有"孕育性"的。其实这个"孕育性"我们用最通俗的话来说，可以解释为教育的长期性，是比较漫长的。"十年树木，百年树人"，这句话也就体现了教育的孕育性。

教育好孩子，不是一朝一夕的事。比方说，孩子进屋脱鞋，必须把鞋放到鞋架上，就这样一个事，按照我们一般的理解，家长告诉孩子一遍，孩子就会去执行，就不用再说了。但是，教育有一个孕育性，家长告诉一次还不行，可能告诉两次、三次，还可能告诉了半年他还没有执行好，然而又过了半年之后，孩子自己就执行了，自己就把鞋放得规规矩矩。整个这样的一个过程，就是一个教育的孕育性。孩子接受了这个指令是在一年前，孩子能正确地执行这个指令却是在一年以后，类似这样的事情我们还能举很多的例子。一个长期听我指导的家长,当时他的孩子是初三,不喜欢学习、爱玩、喜欢上网等,但家长锲而不舍地听课,再坚持不懈地对孩子实施科学的教育,当升到高二的时候,这个孩子像变了个人似的,一下子就长大啦,把学习当做是自己的事情,用突飞猛进一点也不夸张。看似一瞬间,实际是经过两三年的孕育。我们在分析这个事情的时候,他的妈妈很兴奋,说听课一个月之后,开始转达很多信息,告诉孩子:应该怎么样来努力学习。当时家长告诉了,孩子不能立即就启动,他把这个信息装到大脑之后,要有一个孕育的过程,然后再慢慢地端正学习态度,一旦端正了学习态度,那么他就突飞猛进地学习了,这个过程就是孕育的过程。

　　教育的孕育性也可以理解为,我们对孩子正确地实施教育就行了,不要去求结果,只要你正确,他迟早有一天会变得非常好。孔子有句话说"不教而杀谓之孽",孔子这句话的意思就是:要对民众实施一个漫长的教化,这样民众就不会犯错误,你对民众没有教化,谁犯了错误就要杀掉谁,这是一种暴政。同时,孔子还说一句话就是"不戒事成谓之暴",孔子这句话的意思就是告诉大家:教育孩子,要想让他把一件事情做好,要有一个漫长的教育过程、指导过程,这样他才能成功;否则的话,没有给他一个孕育的过程就要让他做好,这种行为就是一种暴力,对孩子是一种伤害。

⊙ 教育不可忽视阶段性

　　大家都知道孩子的成长过程是有阶段性的。孩子出生后到3

岁就是婴幼儿阶段,孩子到了五六岁了就是学前阶段,上小学了就是小学阶段,还有初中阶段、高中阶段等,这就是说孩子的教育也是有他的阶段性的。在教育的时候就要考虑孩子的阶段性,这个阶段性家长和老师就要掌握好。

一是孩子的大脑发展有阶段性。假如你的孩子在幼儿园阶段,你是不能让他学数学的。但是,现在的幼儿园给私人办了,私人老板为了扩大招生,以满足家长那种急功近利的心理,提前对孩子进行数学教育,让孩子学习奥数、珠心算等,实际上,这是在拔苗助长,这样教育就忽视了孩子左脑发展的阶段性。孩子要到了一年级以后,他才可以学习数学的,在幼儿园阶段应该多学习右脑的知识,比如:音乐、美术、舞蹈,等等。

二是孩子的心理发展也有阶段性。四五岁的孩子一般都不愿意跟陌生人说话,如果不知道孩子的心理发展的阶段性,我们家长就会逼迫孩子和陌生人说话,结果孩子就不快乐,这里面还有更深层次的问题发生。因为孩子很小的时候,他就建立了一种羞耻感,这种羞耻感孩子生来就有的,那么在他有羞耻感这个阶段,他不能与陌生人对视或者说话,他觉得害羞,这是孩子的一种羞耻感。这是他这个阶段的特性,我们家长不懂这些,就会说孩子没有自信、没出息,然后还逼着孩子去和陌生人说话,这就是错误的做法。我记得深圳有个家长,六一儿童节那天,好不容易请了一天假,就领着孩子到世界之窗去玩,世界之窗里面有一伙外国人在那儿和游客合影,这位家长就领着孩子也想和外国人合影,可是孩子不肯,这个家长就觉得很恼火,心想:今天本来就没假,好不容易请了一天假陪你玩,让你去和外国人一起照个相还不肯,真是扫兴。实际上,这件事就说明了这个孩子有羞耻感,他认为和外国人在一起照相是羞耻的事,这是他自己的一个情感的判断,但是我们家长不懂,硬拉着去照相,孩子不干,然后就说孩子一大堆的不是,这样大人不开心,孩子也不开心,类似这样的事情是非常多的。

还有一个方面就是根据孩子年龄的教育方法,就是教育幼儿园阶段的孩子用适合幼儿教育的方法,如果孩子上小学了我们还用幼儿园的方法来教育小学生,或者孩子上中学了我们还用小学的方法去教育中学生,这是不对的,这也是一个阶段性的问题。这需要家长根据孩子发展的不同阶段来改变孩子的教育方式,类似教育这样的阶段性在很多方面都会体现出来。比如初中阶段的孩子,他们表面上给你的感觉是男生厌恶女生,女生厌恶男生,或者是男生、女生互相讲坏话,但是到了高中就发生变化了,男生有意结交女生,女生有意结交男生,这也是发展的一个阶段。总之,孩子整个的成长过程分不同的阶段,这就要求教育要随着不同的阶段进行调整,因此,我提出教育的一个特性是教育的阶段性。忽视了教育的阶段性,那么我们就会在教育孩子的过程中受挫,这样就得不到最佳的教育效果。

⊙ 教育有时需要无为而为

教育的无意性实际就印证了孔子说的"无为而为",教育孩子不要刻意把他培养成一个什么样的人,不能功利。我想,老师教育学生、家长教育孩子的时候,应该多采取老子所说的"行不言之教"。老子说这句话的意思就是说我们不要整天去说,要用行动来影响孩子。

我先讲一个我的事,2008年我们在郑州办夏令营,聘请了五个老师,两个是刚毕业的,三个是大二的学生,让他们来参加夏令营的活动。事实上,这些刚毕业的孩子和没毕业的孩子都需要作为夏令营的主持人,我对他们进行了指导性教育,让他们和夏令营的孩子一起参加活动,使他们在夏令营的活动当中得到经验、得到成长。这个就是一个实施教育的过程。夏令营孩子多,我们开会都是早上在孩子没起床的时候,把老师们叫起来说上十多分钟。晚上孩子都睡了,再把老师都集中到一起总结当天的工作,讲个五分钟就赶紧让老师去休息。整个夏令营的教育的过程中,我没有批评任何一个老师,当老师做错的时候,我就认为下次他就知道了。这些老师在夏令营里生活得非常快乐,都觉得学了很多东西。因为他们每天都把夏令营的工作当成自己的工作,特别是他们来了十天之后,每个人都知道自己该做什么,不用我操心,然后我就会腾出来精力来搞英语教学。我回想起来,当时在夏令营里我并没有怎么刻意去教育这些刚毕业的孩子,要怎样去做好工作,但这些孩子个个都做得很好。那么我采取了什么方法让他们做得很好呢?我想,在夏令营我没有怎么去对他们进行说教,但我的工作方式、工作态度就对他们起了一个很好的教育作用,这就是教育的无意性。

记得有一个广西师范学院的教授,他告诉我:有个校长整天开会,似乎开会有瘾。这位校长以频繁开会的方式对下面的老师进行说教,实际没有多大意义,他没有用老子的思想"圣人处无为之事","行不言之教"去组织教育教学。

我以上讲的这两件就说明:我们在组织孩子教学活动,对孩子实施教育的时候,不论是学校教育还是家庭教育,都要用有意无意的方式来影响孩子。"身教重于言教",作为领导者、教育者要以身作则。如果每天喋喋不休对孩子大喊大叫,校长每天指责老师,这样的学校无法搞好。所以,我们创造教育的和谐,教育者和被教育者要有一个和谐的关系,教育者对受教育者在实施教育的过程中要体现"无为而为",这样才能提高教育的效果,也能节省教育的资源。因此,我讲到这里,家长就要想一下,看看平时是不是唠叨得太多,有的可不可以不唠叨,是不是可以写个卡片给孩子,这就是节省教育资源,你总说话也是资源的一种浪费。

⊙ 早教很关键

早期教育是一个非常重要的教育,因为孩子刚降生,他的大脑是一片空白,你教给他什么,他就会什么,当然,这个教的方法是要讲究的。美国著名教育家威廉·詹姆斯说过:"孩子生下来时是一张白纸,而最终这张纸是否能被描绘成一幅精美的图画,那就完全取决于他们的父母对其进行的早期教育。父母是塑造孩子的工程师。"我们要知道孩子的成长过程,越早教育效果越好,那么一到三岁的教育是一个什么教育呢?用意志心理学里的名字,它叫应课期,就是说一岁到三岁这样的婴幼儿,他的大脑是处在应课期状态,因为这时候孩子的大脑是一张白纸,你想画什么就画什么。有一网友告诉我:一个孩子两岁半,认字四千多个。这个很容易的,因为的他大脑是在应课期,在应课期的幼小孩子应该都能认四千字的,这个科学都已经证明了。如果你让一个三年级的孩子来认识四千字就很困难,为什么呢?因为他的大脑已经过了应课期,因此,教育上的早教性非常重要。我在很多讲座里都告诉家长,要对孩子实施早期教育,当然,这个教育的方法一定要科学,你也不要揠苗助长,它是一个循序渐进的过程,也是一个孕育的过程。

在其他方面,比如在德育方面、行为的培养方面,也是越早教育越好。为什么现在有的学者提倡三四岁的孩子让他去背《论语》、背《大学》、背《中庸》这些著作,它的意义就在于,这样的孩子容易记忆这些东西,而这些东西大多都是对孩子的一个情感、性格、道德修养的教育过程,孩子如果要是背诵下来,这些言辞就会对他有指导意义。假如现在有一个孩子是高中生了,价值观形成了,他的一些不良习惯也有了,思想品德也就这个样子了,你再让他学《论语》可不可以?也可以,效果怎么样?可以说效果就没那么好,因为教育有一个早期性。为此,我们要抓住早期性,对孩子进行教育,要抓住这个机会,不但对他进行文化方面的教育,艺术方面的教育,而且还要对孩子进行品德方面的灌输,这是非常重要的。

我经常说:价值观的培养,越早越好。我编辑的背景音乐里配了"学习是我的职责"、"我喜欢学习"、"君子求诸己,小人求诸人"等这样的语句,如果这孩子很小,他听了之后,就给他妈妈说:"妈妈,学习是我的职责,我喜欢学习。"他就会一本正经地给妈妈重复这样的语句。假如是个中学生,他听了这个光碟,他能不能重复这些语句呢?他不一定能重复,也许他内心有感受。那么,很小的儿童他就会,为什么呢?因为这个阶段的儿童,你能极容易地引导他、诱导他、暗示他,孩子越小就越容易被暗示。因此,我们编辑背景音乐对小儿童作用是非常大的。

家长就要抓住孩子的早期机会,对孩子实施科学的教育,这样才不会耽误孩子。

⊙ 学习是一生的事情

当今时代,知识呈爆炸型的裂变,知识太多了。例如,学实用物理的一个大学生,他在学校学习了这些知识,参加工作两年之后,他就要重新学习,为什么？因为他先学的那些知识已经过时了。再比如计算机系的大学生,他入学的时候接触的软件知识,到三年之后又过时了,他又要重新学,当今社会的各个领域中科技在不断地发展,必须要求从业人员不断地学习才能跟得上。像深圳这样的一个城市,就是一个学习型的城市,各种培训非常多,因为人要想生存,要想工作得好,要想有一个好的生活,他就必须要不断地学习。我给大家讲教育的终身性,是想告诉大家：以后的孩子都必须终身学习,他从小就要建立终身学习的概念,只有这样他才能适应社会。

你怎么来组织孩子学习呢？孩子学习是一辈子的事,你不用着急,孩子学画画、学音乐、学美术、学文学等都可以,家长要求他学,但是不要要求过急,因为你的孩子能终身学习。如果一个孩子喜欢学习,他又能终身学习,你期望他学什么,他最终都能学到手。所以,我在这里提出一个概念,就是家长、老师在对孩子实施教育的时候,考虑的就是让孩子喜欢学习,让孩子在学习中获得快乐,这样的一个培养目标是最合适的。一旦你确立了这个目标,你衡量孩子接受教育的指标是快乐学习、学习快乐,你的孩子就可以在学习的路上走得越来越好。随着继续教育与终身教育的普及,你的孩子就不断地学习知识,即使在初中某一科没学好,你也不用着急,即使你的孩子没有上大学的条件,你也不用着急,只要他喜欢学习,他就会终身学习,就会达到一个理想的境界。

但是,总想把所有的知识一下就装到孩子的脑袋里才好,这样想的结果就会违法操作,然后最终使孩子厌学。孩子一旦厌恶学习,你让他上大学都没有用的。现在的大学生在大学里没有几个是好好学习的,你去那些大学门口看看,孩子们吃完饭后,都往校外跑,去网吧,到网吧里看,没有一个是在网上搜索资料的,都是在看电影,或者是在打游戏,或者在聊天。孩子为什么会这样?就是说这孩子厌学了,我们说培养孩子上大学是一个目标,但是,你孩子上了大学不学习还是一个目标吗?就不是目标了。我的意思是要培养孩子上了大学还喜欢学习,即使不上大学他也喜欢学习,那才行。

最后我告诉大家一句话,我们的孩子暂时没有学习好你不用着急,学习是一生的事情,你也不用急于把所有的知识,在这个阶段让孩子学完,这样的想法是错误的,还容易导致孩子得厌学症,只要孩子喜欢学习,他就会有丰富多彩的人生。

Chapter 4
〈 第四章 〉

家长不得不反思的教育习惯

在大人的心目中，孩子毕竟是孩子，啥事也不懂，做事都需要大人指教，否则他们就什么也做不好，似乎孩子必须在大人的说教下长大。这种说教往往不考虑孩子的感受，更奇怪的是，我们的说教不论多么不管用，可还是乐此不疲地说个没完没了。仔细想想，你是不是也这样？

⊙ 满足物质欲忽略求知欲

现在社会物质财富多了,家庭也比较富裕。一些条件好的家庭,对于孩子的物质需求是要啥买啥,花钱如流水。市场为了迎合孩子的需求,变着花样生产儿童好玩的、好吃的、好穿的、好用的。一些商人深有感触地说,什么钱都难赚,唯有孩子的钱最好赚。这样一来,孩子的物质欲望在琳琅满目的商品的刺激下,在左邻右舍互相购买的引诱下,导致一些孩子无节制地花钱。这样下去,会导致什么,家长没有去思考。特别是现在社会有这样一个群体,她们将孩子生下来,托付给奶奶或姥姥养,自己去创业。创业成功了,发现孩子在情感方面有某些缺陷,为了弥补这一缺陷,也是为了自己的补偿心理,毫不顾忌地给孩子以物质满足。

儿童从小养成对物质追求习惯,即物欲,会给儿童造成严重的心理问题。心理学家们观察到,如果一个孩子童年缺少爱,而变成劣迹少年,当给他爱之后,他会变好;当一个孩子在溺爱下长大而变坏,特别是物欲强烈的孩子,给他多少爱、多少物质也没有用,也很难变好。他的心灵如同形成了一个黑色的空洞一样,怎么填也填不满。这样的孩子长大以后会怎样呢?大家可想而知,那将是满足不了的物质欲望,当条件难以支撑的时候,就会走上邪路,很多孩子都是这样变坏的。

我们家长都有望子成龙的愿望,如果一个孩子物欲强烈,他的求知欲就自然下降;让孩子有求知欲,必须控制他的物欲,让孩子从书中获得乐趣,这样对物质的追求就会减弱,这里的辩证关系不难理解。给予孩子丰富的物资,满足其购物欲是简单的,培养孩子高素质的品格是难的。

⊙ 在学习上搞情感敲诈

说家长经常情感敲诈孩子,很多人不能接受,哪有父母敲诈孩子的呢？我这里先举一个例子,你就知道了。比如,小朋友的"六·一"节快到了,他们会互相问,你爸爸给你买什么礼物？你妈妈给你买什么礼物？你的孩子回家会和你说,他要一个电动玩具车。作为家长有时很自然地说：好啊,你期中考试三科都打98分,就给你买电动玩具车。你的孩子如果能打98分,他会努力争取,如果打不了98分,你的电动车他也不要了。接下来他的学习会怎样,可想而知了。

以上的例子就属于情感敲诈,这种情况在家庭教育中经常出现。也就是我们家长有权力,家长说了算,你学习好,什么都行,学习不好,别想得到好处。如果家长经常这样使用权力,孩子的情感就会受到损伤。在这个问题上,正确的做法应该是这样："六·一"节是孩子的节日,他应该得到礼物。我们是否给他礼物,不要和他的学习挂钩,孩子应该得到的,我们不讲条件就应该让他得到,不应该让孩子得到的,不管他怎么,哪怕绝食也不能让他得到。这样孩子就学会了什么是他该要的,什么是他不该要的,从小就建立起是非观念。

比如你的孩子是二年级学生,他看见五六年级的大哥哥们骑山地车很威风,于是他也要山地车。你考虑到他的能力和交通等因素,决定不给他买。他说他要绝食,但你决不动摇,孩子饿了就会吃饭的。一顿不吃也饿不坏。这就是该给的不挂钩,不该给的坚决不给。这是家长的权威力量。这样对待孩子,孩子在长大后自然会懂得其中的道理,否则,他将会成长为一个"小无赖"。父母对孩子的爱是永恒的。孩子学习好,我们爱他,孩子学习不好,我们也爱他。这也是我们对儿童的尊重。

⊙ 一相情愿地说教

在我们成人心中,孩子毕竟是孩子,啥事也不懂,做事都需要大人指教。否则他们就什么也做不好,似乎孩子必须在大人的说教下长大。这种说教往往不考虑孩子的感受,更奇怪的是,我们的说教不论多么不管用,可还是乐此不疲地说个没完没了。

研究表明,儿童从四岁开始,他的自主意识就逐渐增强了,同时试图摆脱大人的束缚,独立地做他们愿意做的事情。然而我们大人不懂得这个道理,还是一个劲地对孩子百般吆喝,结果常常遭到孩子的反抗,这种反抗有时是无声的。由于遭到了孩子的反抗,我们对孩子的管教也变得更加严厉,孩子上了小学,我们家长还是照常说教,这样给孩子带来很大的烦恼和压力。

我们做父母的为什么有这个习惯呢?这主要来自于童年时父母对我们的说教,是一代一代传下来的。时代在发生着变化,

20世纪五六十年代以前,孩子获得的生活知识很大一部分是靠大人的说教,可现在时代不同了,孩子获取的大部分知识是来自各种各样的传媒,这样有时我们的说教就显得多余了,很多说教的内容还是过时的,孩子当然就不感兴趣。

要解决这个问题,首先我们家长一定要经常自问:我的说教对孩子起作用了吗?如果没有起作用,这种说教就变成了唠叨,也就是不适宜的。我们就应重新思考,寻找其他的方法。教育孩子历来身教胜于言教,无声胜有声。

⊙ 唠唠叨叨没完没了

唠叨是什么?就是说起话来没完没了,啰唆啰唆。中国有句俗话"话说三遍讨人嫌",可是,我们有的家长有时完全不顾孩子的感受,一件事反反复复地唠叨没完。一个腔调,一个频率,几句枯燥无味的语言,这些,对孩子的杀伤力是非常厉害的。

我在这里给大家讲两个故事:

在"二战"时,德国法西斯分子折磨纳粹集中营的战俘使用了一个方法:他们把战俘吊到房梁上,上边用一个水管,滴下水滴,一滴一滴地滴在战俘的背上。在夜深人静的时候,不停的敲击、不停的滴水声音、同一个频率,最后这些战犯神经就崩溃了。

浙江金华有个高二学生叫徐力,因不堪忍受他母亲无休止的唠叨,用榔头打死了亲生母亲,引起社会哗然。

唠叨为什么有这样大的威力呢?唠叨属于攻击行为,其特点是单调,一个频率,无意义,无休止,能直接摧毁人的神经系统,使人失去理智。

唠叨对儿童也同样具有杀伤力。孩子的学习兴趣、学习效果、自信心、自尊心等随着唠叨的滴水穿石作用,最终都被击得粉碎。有的孩子对母亲抗议:"你不要唠叨了,我的心都要碎了!"

有一个道理我们必须要明白:重复做同一件事,而想获得不同的结果是不可能的,要想获得不同的结果,就要使用不同的方法。

心理学家对唠叨有非常好的研究,有唠叨行为的母亲在内心对孩子有一种自己都说不出来,并且也不承认的恨。唠叨容易从习惯问题转变成心理问题,长期受到母亲唠叨的孩子多少又都会有心理问题。这就是平时家教书中说的"问题家长养成问题儿童"的道理。

⊙ 家长的话就是命令

我们家长在一起聊天的时候,总是提到孩子听不听话,在我们的大人意识里,总认为听话的孩子是好孩子,好孩子都听话,也真有那么些孩子,他们听父母的话,父母叫怎么做,就怎么做,不论是在学习上,还是在生活上,都唯命是从。

在这种教育方式下长大的孩子,大脑形成一种模式:有命令我才行动,没有命令我就等待。这样的孩子思想僵化,没有判断力,没有选择,更没有自己的主见。有这样一个很典型的例子:家长在忙着做饭,让孩子去小店赶紧买一瓶酱油。孩子去了后发现没有瓶装酱油,但有袋装酱油,孩子还是空手而归。当问到为什么不买袋装酱油,孩子的回答是:你让我买一瓶酱油,而没有让我买一袋酱油啊!前几年发生被少女卖掉的研究生就属于这类教育下长大的孩子。

心理学家们研究,在命令下长大的孩子,未来的人生都不幸福。因为他们形成了一切听从指挥的习惯,没有自我。他们会接受自己不想要的或者不适合自己的东西。例如,他们在选择所学专业上,选择职业上,在择偶等重大人生问题上都会忘掉自己,听命于人。因此,我们在社会上经常碰到一些倒霉的人在述说自己的不幸时,总会埋怨自己的父母当时的主张,同时,我们也经常听到那些成功者怎样顶住父母的反对而最终获得成功的故事。

我们教育孩子要多让孩子选择,比如,在参加兴趣班上,我们征求孩子的选择:你学习美术还是学习音乐呢?在作业上我们争求孩子的意见:你饭前做作业还是饭后做作业呢?在购物上,我们让孩子自己挑选。这样孩子的大脑就主动思维起来,这样的刺激多了,孩子的智力就发展了,随之,他们的主动性、决定力都提高了。人生的高品质来源于人生高品质的决定。有了高品质的决定,才有高品质的人生。

这里值得一提的是,此节讲的"命令"和在"孩子成长连接链"里说的"服从"是两个概念,前者是说在命令下长大的孩子人生不幸福,主要是倡导孩子要有自己的独立思维意识,要有创新意识,而不是唯命是从;后者是培养孩子要顾大局,识大体,有团队意识,有自律精神。

⊙ 家长简单给出对错结论

许多在美国留学的研究生,在讲述自己留学经历时,都说到美国老师在课堂上不给问题答案的事,而是让学生自己去想。有时被中国学生误解为老师可能对那件事不懂。相比之下,我们中国的老师在每件事情上都会告诉孩子,什么是对的,什么是错的,怎样做对,怎样做错。我们家长有时也爱直接给孩子答案,或对,或错。在某件事、某道作业题、某些问题上,只有一种答案的情况下,孩子的思维会到此为止,问题停在表面上,孩子的大脑就不再进行深刻的探索,这样,时间长了,孩子的大脑就退化了,或者僵化了,也就丧失了对真理的追求能力。对同一个问题提出多项质疑,找到多项答案,符合生活实际,也锻炼孩子思维。因此,我们家长必须养成让孩子自己找答案的习惯,将思维盛宴留给孩子,这是培养孩子智力的成熟方法。

⊙ 工作狂忽略孩子成长

在珠江三角洲地区,创业者大多数都是从内地来的,他们把孩子寄托在老家,当孩子上学了,才领到他们工作的地区。我在这个地区讲学时,发现这类家庭亲子关系或多或少都存在着一些问题。孩子上学后,家长由于业务繁忙,往往又不能在固定的时间里和孩子一起相处。于是,家长用给孩子购买玩具等方式来补偿,以使自己达到心理平衡。似乎这样就可以对得起孩子了。我们通常看到孩子放学后和电视在一起,和保姆在一起。当家长回来时,孩子已经进入梦乡了。

我们家长一定要明白,孩子需要和双亲在一起的陪伴。如果我们看《动物世界》这类节目,就会明白这一道理。儿童时期孩子是不能离开大人的,这是生物繁衍的规律。可是,许多父母都正在违反这一规律,家长们不懂得这样的后果是什么,对孩子的伤害是什么。

没有和父母在一起的童年生活,会使孩子心理造成空洞,导致孩子心理缺陷,有些孩子在成长中能自己弥补,很多孩子却做不到。一旦到了青春期阶段,这样的心理缺陷就会以偷盗、早恋、逃学、脆弱、吸烟、吸毒等方式表现出来。我这样说,绝不是耸人听闻。建议家长要特别关注这一问题,水不来,先筑坝,防患于未然。

孩子心灵需要亲情的养护,物质不能代替亲情。每天陪伴孩子应该成为家长们的生活方式和习惯。

孩子也需要朋友。在孩子的成长中,朋友是非常重要的。美国的家长主动帮助孩子交朋友,有的为孩子和孩子的朋友在一起生活创造条件。而我们中国的家长,有一种错误的想法:怕孩子和朋友学坏了,怕孩子把朋友的不良行为习惯学来。还有的家长认为孩子自己习惯在家里独处是非常好的品质。

回想我的童年,每个阶段我都有形影不离的朋友,当时只觉得和朋友在一起非常开心。用现在的心理科学眼光看,这是儿童的心理需求。儿童交友的心理得不到满足,也会出现不被大人察觉的偏差。儿童能从朋友那里学习很多东西。他看到朋友的优点和缺点也会进行自我教育。

Chapter 5
〈 第五章 〉

过时的方法不适应当今的孩子

中国教育史有两千多年，先进的思想我们要继续发扬光大，落后的东西，必须予以根除，否则将会贻害我们的子孙后代。话虽是这样说，但要根除几千年遗留的传统痼疾，谈何容易，更为可悲的是，在我们教育这个行业中，还不知有多少同志无意识地将一些落后的、错误的观念和做法当做好的东西继承下来。

下面我想讲几种大家常见的做法，就可以窥见我们家庭教育中存在着的必须引起我们高度重视的问题。

⊙ 错误一：皮鞭能打出高分

中国人把老子打儿子看做是天经地义的事情。孩子不听话要打；孩子做错事要打；孩子惹祸要打；孩子学习不好要打；孩子学习下降要打；孩子违背了大人的意愿也要打。不过时代发展到今天，打孩子也发生了一些变化。在过去，如果一个孩子惹了祸，毁坏了什么器物，要挨打。而在当今的独生子女社会，如果家长发现孩子惹了祸，家长会替孩子摆平，如果发现孩子毁坏了什么器物，家长会再买一个。如果在学习上，没有搞好，或成绩下降，丢了家长的面子，孩子恐怕就逃不脱挨打，甚至有时打得非常严重。甘肃夏非被妈妈活活打死就是一个典型的例子。

从这件事情上，我劝我们的父母同胞们好好想想，责任在我们的孩子吗？因学习成绩不好，活活打死孩子，虽属个别现象，但因孩子学习上不能如大人所愿，常常打骂孩子却是个普遍现象。在这里我要问家长同志们，孩子学习不好，当父母的有没有责任？我们时刻要问自己：我们了不了解孩子的心理？你关心的方法得不得当？你是不是给孩子创造了一个好的学习环境？

因为学习打孩子，有时确实能看到暂时的效果。例如，孩子数学考试得了68分，晚上老师给家长打来电话，妈妈放下电话就火了："我平时告诉你要好好学习，你就是不听，怎么样？等你爸爸回来再说吧！"言下之意是说，看你爸爸怎样收拾你。爸爸是家庭的顶梁柱,为了家庭,为了孩子,他必须拼搏,努力工作。回到家后希望得到温暖,希望能看到孩子学习的进步,以使自己获得能量,更有力量地工作。得知孩子学习成绩下降,爸爸的大脑里想到很多很多。面对孩子,由深情地诉说,到怒气冲天:"从小到大,为了你,我日夜操劳,让你享受最好的生活,让你有好吃的、好穿的、好玩的,让你上最好的学校,什么也不让你干,只让你把学习搞好……"说着说着,恼羞成怒,于是就狠狠地打孩子一顿。孩子毕竟是孩子,他有恐惧感,挨了打就会乖乖地好好学习。他会把当天的作业立即做好,把前几天的作业都补上。这样的状况能持续几天。下次考试老师会告诉家长:你的孩子学习成绩上来了。并问:你们用的什么方法?此时家长就会很坦然说,这孩子,你每天和他说好好学习,说一千遍,说一万遍也没有用,打一顿就起作用了,看来,让孩子学习好,说教是没有用的,只能是打!孩子学习成绩上来,得到表扬,再过几天,孩子又恢复到原来不做作业的学习状态。家长又再打一顿,成绩又上一下。于是家长就断定:孩子只有打。到了期末考试了,结果孩子的成绩和排名,原来在什么位置,还是在什么位置。根本打不进前几名。如果打孩子,孩子就能学习好,这几乎可以被看做是"邪教"。没有哪个科学家、思想家、学者是打出来的。如果你到北京大学,清华大学,随便问一个同学:小时候你爸爸打你吗?妈妈骂你吗?你生活快乐幸福吗?几乎所有的孩子都会告诉你,他们的童年的生活非常幸福快乐。那些在单亲家庭里长大,和妈妈一起生活的孩子,都是非常幸福和快乐的。如果你到监狱里去访问那些死刑犯,他们会告诉你,他们从小就受到残酷的毒打和辱骂,童年就没有快乐和幸福过。

所以我们认为,因为学习,采取打骂的方法,甚至打骂孩子作为促进孩子学习和成长的观念是极其错误的,也可以说是非常愚蠢的。为什么这样说呢?这里是有科学道理的。

因为当孩子被打骂,其心理处在恐惧状态下,他的大脑也不在学习状态。打过的孩子给你的感觉是他在努力学习,实际上此时孩子学习的知识没有记忆在大脑深处,过后就忘记了。只有孩子在心情快乐,被爱被鼓励的情况下,他们学的知识才容易进入大脑的长期记忆系统。孩子因为学习遭到多次毒打,孩子一学习就会恐惧,就会痛苦。大脑在痛苦的时候,就会自动关闭记忆系统。孩子喜欢学习才能学习好。孩子因为学习遭到毒打,他对挨打的痛恨会转移到对学习的痛恨上。一个痛恨学习的孩子,他会学习好吗?自然不会。

我说对孩子采取打骂的办法是对孩子的严重伤害,有的同志会拿"棒槌底下出好人"、"不打不成器"的传统教育方式反驳我。其实那些传统观念是产生在农业时代。在农业时代,成人能成为什么人呢?成为种地的人。种地是肢体活动,打可能是起作用的。学习是脑力活动,打是不起作用的。打孩子虽然简单,但后果实在糟糕,会带来许多问题。

教育事业是文明的事业,离开文明搞教育是没有不失败的。

⊙ 错误二：吃苦能"吃"出好成绩

我们中国是最早办教育的。中国的教育思想对世界是有贡献的。并且曾出现诸如："头悬梁，锥刺骨"、"严师出高徒"、"不打不成器"、"努力学习"、"刻苦学习"、"勤学苦练"等有关学习的古训，这些思想和观念深深地根植在我们的心中，已经变成了我们潜意识的东西。

时至今日，科学技术飞速发展，许多传统的教育思想，在科学面前已经被证实是过时的，是错误的。在我们家长没有掌握科学的教育思想之前，也就是我们没有用新的科学教育思想武装我们的头脑之前，我们还是用旧的传统教育思想教育孩子。结果导致众多的孩子在教育面前受挫。因此，我们说，在教育上，尤其是家庭教育上，我们必须突破传统的教育观念，才能有效变革，仔细地分析一下那些"古训"，我们就会知道该是醒悟的时候了。

首先分析一下"严师出高徒"、"不打不成器"，这两句话产生的背景是在我国封建的农业社会。在落后的农业时代，师傅教徒弟，要严厉。这可能是对的。你想想，那时徒弟学习的是一些农业技术，或者是一些手工业中的技术活，大多是操作性的而不是知识性的东西。操作性的工作经过反复训练，确实能达到较高的水平。如果说这一古训适合现在的话，那只是适应某些部分教学科目中的部分项目，如体育，马俊仁老师为什么能训练出那么多长跑冠军，这和他的严格执教是分不开的。大杨洋在得奥运会冠军的前一天,她的教练猛烈地批评她一顿,这样做是有科学道理的,教练的批评,使她的身体在比赛的时候产生具有爆发力的荷尔蒙,这是竞技体育的比赛特点。如果把这个方法用于我们儿童的学习,就等于毁了我们的孩子,当孩子学习的时候、考试的时候,我们猛烈地批评孩子,孩子大脑就会进入关闭状态,他的理解力、记忆力、分析能力等都迟钝下来。所谓"不打不成器"也是这个道理。

从古至今,我们一直向儿童宣扬和灌输"刻苦学习"精神。今天应该值得好好研究,什么叫"刻苦",所谓"刻苦"就是肯下工夫,很能吃苦。一个几岁或十几岁的孩子的下"苦工夫"学习,那就是缩短睡眠时间,减少或取消玩乐时间,这样的结果是怎样呢?虽然是"刻苦"了,大多数孩子的成绩,仍旧是上不去。我们说儿童不适应"刻苦学习",这是和人类的特性有直接关联的。人类在发展的历史长河中,始终遵循一个原则,即"趋乐避害"。人类选择了"趋乐避害",跨过几百万年,繁衍到今天,如果没有"趋乐避害",人类将不复存在。拿儿童的学习来说吧,他之所以喜欢上学,是为了寻找快乐,如果他上学得不到快乐,而是每天都在为写不完的字,做不完的作业而痛苦,同时又因学习成绩不好而遭到老师的斥责、家长打骂以及同学的挤对,他就不再继续付而努力了。因为他在付出努力的同时没有得到快乐。这和我们许多成人一样,毕业后不再学习了,因为学习没有给他们带来快乐。如果能带来快乐,他还会继续学习的,直至取得学业的成功。

当儿童得不到快乐的学习感受,又遭到内心痛苦的时候,孩子大脑的学习和记忆系统就开始紊乱,即使我们使用强迫手段,让他努力学习,他的大脑也不会进入到最佳学习状态,结果还是事与愿违,这样的教训太多了。

在家庭里我们常常看到这样的情况:孩子迟迟不做作业,当孩子做作业了，家长就在旁边督促，像监督犯人劳动一样。等孩子做完了老师布置的作业，好心的家长便又再给孩子增加几道作业。慢慢地，孩子就会对学习失去兴趣。

孩子练钢琴也是一样：根据科学原理，孩子每天弹两次，每次弹奏20分钟，孩子能喜欢，也能坚持，效果也会好。可我们的老师和家长要让孩子每天弹奏两三个小时，或者三四个小时。当孩子把弹琴当做了劳役的时候，他弹的质量就大大地打折扣了。当他用错误的技法一遍一遍地重复练习时，他们巩固了错误技法，下次上课的时候，老师又要对他进行错误纠正。练习得越多，反而纠正越难。最后孩子只好放弃钢琴的学习。这就像工厂生产的劣质产品一样，生产得越多，亏损越严重，最后工厂不得不倒闭。如果孩子在练习钢琴时，"一练就完，一练就会"，孩子就会在练琴这件事上获得快乐。当孩子能用他所弹奏的优美乐曲愉悦自己的身心的时候，他就喜欢练琴了。孩子到了这个程度，他才有可能刻苦学习。在这里你会发现：我们的目的是让孩子能刻苦学习，但我们采用的方法是"不刻苦"的，是快乐的。这就是新观念，这就是科学观念。

⊙ 错误三：考上大学才有出息

在中国漫长的封建社会里，提倡的是"学而优则仕"。它的含义是，只有不断学习，才能步入仕途，当官做老爷。现在人们虽不说"学而优则仕"，但对"学而优则仕"却赋予了新的含义，那就是：只有刻苦努力学习，才能考大学，大学毕业后才能有出息。就为了这一个目标，不知道有多少人丧失了童年的快乐，不知道有多少儿童为此付出了高昂的代价乃至生命。历史的车轮已经辗到了 21 世纪，我们这种带有功利色彩学习的传统观念必须改变，必须根除。这既是为了孩子现在和将来的幸福，也是为了我们国家的前途。我常常见到一些家长这样告诫孩子："孩子，好好学习，学习好了我们以后考大学。"当孩子上了小学，或者还没有上学时候，我们的家长就开始这样喋喋不休地叮嘱。试想，一个刚上学的孩子，他怎么能懂得"上大学"的含义是什么呢？如果孩子不懂，学习上又没有得到好的方法，学习成绩又不好，我们又怎能要求孩子对他的终极目标"上大学"有好感呢？对于儿童，特别是低年级的儿童，不会关心你家长所说的类似的"考大学"这样的事情，他们关心的是自己在学习上是否获得了乐趣。

如果孩子每天能获得学习上的乐趣，他的学习成绩就会有很大的进步。如果他每天都背负着一个他不懂得是什么意思的"考大学"而上学，他就会产生困惑感，同时还容易使家长产生焦虑，而这种焦虑，无形中又会对孩子产生不利的影响。特别是当孩子学习成绩不佳时，他们的学习情况就会更加糟糕。儿童，正因为他们是儿童，因而还不能背负太多包袱。只有当他们的知识丰富了，能力强了，也懂事了，自然会肩负起家庭和国家的使命。这好比我们希望孩子有孝心，孝敬父母一样。你不用教导他，你也不要和他讲什么道理，只要你孝敬你自己的父母，孩子到时就会自然有孝心，然后也会孝敬他的父母。当孩子的智力发展到一定的高度，孩子自然会把父母的希望肩负起来，并且肩负起祖国和人民的希望。如果我们不关注儿童的学习乐趣，而是在学习上处处伤害孩子，他不但痛恨学习，还有可能痛恨家长，使亲子关系恶化。这样的例子实在太多。所以我经常给家长讲：孩子学习就是学习,就是获得乐趣,你为什么非要给他增加那么多不属于他的包袱呢?

现在,外企培训员工,一般都喜欢采用游戏方式培训,使员工在培训中获得乐趣,使他们愿意接受培训,因而使业务培训收到了更加显著的效果。在这里,我想告诉大家:儿童在学习上带有功利心是非常危险的。如果成人参加学历学习,就目前的国情而言,有功利心是正常的,也是实际的。但对于儿童的学习,家长过于浓厚的功利色彩,将导致孩子学习的失败。

⊙ 错误四:靠题海战术能打胜仗

孩子离开了幼儿园,开始上学了,也开始了他人生的新里程。他每天高高兴兴地去上学,每天回来高高兴兴把在学校里的所见所闻告诉家长,孩子和家长都很快乐。在短暂的快乐之后,家长的功利心出现了:不行,得让孩子争第一,于是又给安排一些额外的作业,又跑到新华书店给孩子购买练习册。从此,快乐在这个家庭慢慢消失了。

作业的重要性不必说。但过量的作业,题海战术,对儿童的伤害是非常严重的。这主要表现在:孩子在学校紧张地学习了一天,回来后还要做没完没了的作业,孩子的大脑得不到休息,大脑过于疲劳,会影响到以后的学习;当孩子不能按照大人的要求做作业的时候,大人则用语言或者表情谴责孩子,使孩子心情不愉快,从而恶性循环;大量重复的作业,也使孩子的大脑停留在被动的工作状态;由于大脑习惯了指令性工作,而没有了主动性,没有了创造性,孩子的智力就得不到有效地开发;由于儿童长期在被动的、大量的、没完没了的、不快乐的状态下做作业,特别是孩子在父母的打骂下做作业,孩子就形成了痛苦的习惯。即一提作业,孩子就痛苦,一做作业就痛苦,一到书房就痛苦,一打开书本就痛苦。这种痛苦由作业迁移到孩子的整个学习上,最后在大脑里完成了神经链的连接,即"学习—痛苦"的连接。这样的孩子,不论什么时候,不论什么地点,一学习就痛苦。孩子一学习就痛苦,这是最典型的厌学症。可是,我们的家长往往不知道由于过量的作业而使孩子得了厌学症,反而把责任归咎为孩子,说孩子学习不努力,不刻苦,不听话,没有出息。

由于孩子在学习上没有得到快乐,反而得到了痛苦,于是孩子在许多事情上都不能和家长或者老师合作。孩子从厌学,还可能转变成品德和心理方面的问题,而成为问题儿童。

孩子刚上学,或者孩子在小学阶段,主要是让孩子体验学习的乐趣,让孩子从学习中找到自我。也就是让他成为学习的主人,而不是学习的奴隶。在这一阶段,孩子还要继续玩乐。如果能把孩子的玩乐和学习结合起来就最好了。特别是孩子的许多作业,尽量用玩乐的方式完成。待孩子慢慢对学习有了深层次的认识和乐趣,他就会过渡到我们家长所期望的"刻苦学习,努力学习"状态。当孩子把自己的学习看做是实现自我价值的途径的时候,孩子才会在学习上获得成功。这个过程有的孩子需要很长的时间,有的孩子需要多多呵护。如果家长没有掌握科学的教育方法,孩子就可能成为问题儿童;如果家长掌握了科学的教育方法,大多数孩子都能在学业上取得成功。

⊙ 错误五：眼里只有 100 分

一般家长都有这样的行为习惯：自孩子上小学起，每天就盯住孩子是不是得了 100 分，是不是争了第一，其他方面都变得不重要了。很少有家长关心孩子在学习中是不是获得了快乐。低年级孩子的内心中，他们有时根本不知道打 100 分和排名第一的真正意义，他们只知道每天是否能获得快乐，快乐才是他们第一位的，这就是儿童的特点。

我们在前面章节里，已经讲述了科学家发现的内啡素。孩子在快乐的时候，大脑才能分泌内啡素，孩子的长期记忆系统才能被打开，孩子所学习的知识才能被牢记。根据这个原理，在学习中，我们家长首先应该考虑的是，孩子在学习过程中，是否获得快乐，这比得 100 分重要得多。这就是说，家长的眼睛应该盯在孩子在学习中是不是获得了快乐，而不是学习成绩是否排名第一，是否得 100 分。我们要把孩子学习的快乐作为他学习的指标，而不是把他的学习成绩作为学习的指标，如果这样认识孩子的学习，我们就会在怎样让孩子获得快乐上下工夫。可能有的家长会问：学习的最终目的，不就是为了获得好成绩吗？这没有错。为了达到这个目的，我们只是在学习"战术"上做了调整，就像在战争中使用迂回战术一样，声东而击西。如果让孩子学习快乐，他的学习成绩自然会好。这样孩子在学习中就能获得来自家长的情感支持，从而孩子就能把学习变成自己的自觉行为。这样，孩子也就会更加体会家长关爱的是他本身,而不是考试分数。

家长应该在孩子的学习方法,特别是在学习时间和难度控制上,以及孩子与老师和同学的关系上、家庭中的亲子关系上等几个方面仔细观察,帮助孩子扫除他们所遇到的学习障碍,对于孩子的成绩暂时不能得高分,也不要着急。根据我的观察和经验,孩子在学习上如果始终处于快乐状态,那么即使一次两次的成绩下降,也不至于使孩子变成差生。

关注孩子的学习快乐,既是家长指导孩子学习的科学方法和策略,又是儿童心灵的需要。只有这样,我们才能获得家庭教育的成功。

⊙ 错误六:"争第一"是永恒的期望

不少学校在教育中,往往运用"考试"、"排名"、"争第一"的指挥棒来刺激学生,目的是激发学生的学习积极性,培养孩子的竞争意识,我们家长也对这种教育方式十分认同。那些完美型的家长,对孩子要求更是苛刻,希望孩子什么都第一,即使当班长也要当正班长,当副班长都不行。我认为,在小学阶段是不宜提倡搞竞争的。

中央电视台著名记者、主持人白岩松,在他孩子出生的时候,给孩子写了一封信,在信中对孩子提出三项希望。希望孩子"学会宽容,不争第一,爱上音乐",并在信中说出理由和他的看法。

"争第一"的实质是什么呢?为什么要争第一呢?我分析,在学校教育和家庭教育中,在向传统教育求不到怎样能提高孩子的学习成绩的时候,就采用了市场竞争形式,争第一。如果有方法能使所有的孩子都喜欢学习,所有孩子的学习成绩都能提高,这个争第一的方法可能就不适用了!

"争第一"的坏处在哪呢?

1. "争第一"破坏了孩子学习的乐趣

对于儿童来说,学习就是获得快乐,获得求知的快乐。正常情况下,人在求知的时候,都会感到快乐,这也是儿童的学习本能所在。由于把"争第一"引进竞争之中,并且有时是恶性竞争,那么这种竞争将会把所有孩子的学习乐趣都赶跑,于是学习变成了苦差事。孩子一旦把学习变成了苦差事,他在学业上就很难有所作为。"争第一"的教育方法实际上是引导孩子走一条不可持续的学习道路。

2. "争第一"抑制了右脑在学习中的作用

前面几章中,多次讲到,孩子学习时,必须调动右脑,这样才能使大脑分泌内啡素,使大脑形成阿尔波。这样孩子的学习和记忆效果才能提高,所学习的东西才能记忆到长期记忆系统里。"争斗"是左脑负责。孩子学习时要考虑怎样打败对手,怎样争第一,于是左脑就抑制了右脑。

3. "争第一"破坏了孩子的人际关系

孩子在班里陷入到恶性竞争中,其良好的人际关系也就无法保持。有时为了面子,可能把人际关系虚伪化,因为教育的目标"真善美"在这种竞争中被支解了,人的思维变得丑陋。在这样的气氛中学习,孩子会看不起自己,也会看不起别人,孩子更会贬低自我形象。这样的局面一旦形成,孩子就陷入痛苦之中。

4. "争第一"扭曲了孩子的心灵

儿童在竞争中不会像大人那样"败不馁,胜不骄"。当他争得第一的时候,他会暂时解除心头之恨;当他被打败时,他会嫉妒胜利者。在这样环境下长大的孩子,首先学会的是嫉妒。如果一个人形成了嫉妒心,他的人生幸福就很难获得了。

一次,教育家孙云晓在中央电视台上讲了一个故事:

在一所小学的一个班里,班主任来上课的时候,一个同学问老师,某某同学怎么没有来?老师说,她的外公去世了,她不能来了。话音未落,全班的同学都欢呼起来,当时把这位班主任老师惊呆了。她不懂怎么培养出这样一群损失人性的孩子。原来这位同学是数学高手,在各种考试和竞赛中,都第一。自这个同学来这个班以来,别人就没有第一过。她的外公是大学退休教授,一直辅导她数学。今天这位老头儿死了,全班欢呼就不难理解了。我相信这个故事是真实的。同时,通过这个故事,我们会发现,恶性竞争真的就扭曲了孩子的心灵。

在科技发展的今天,让孩子学习好,我们会运用无数的科学方法,我们必须废除那种能带来具有破坏性的副作用的方法。同时,我还认为,只要孩子喜欢学习,自然长大就有竞争力。在学校,特别是小学,"培养孩子的竞争意识"的提法不可取。

⊙ 错误七:偏重结论忽视方法

美国的加德纳博士提出人的7个智力中心,已得到了很多人的认同,人的才能区是不一样的,培养孩子时应该根据孩子的才能区进行,这样便于发挥孩子的长处。在这一思想指导下,许多学校都办起特色班,试图用特色来满足一部分孩子的需求。有的校长甚至暗示孩子可以学习他们不喜欢的科目。有的家长见到自己的孩子不能好好学习语文,或者数学,或者外语,于是也想通过发挥孩子的优势,来学习一些特长作为弥补。我认为这个问题关系到我们孩子的未来,有认真讨论的必要。我的看法是:

(1)每个孩子的7项智力之间的比较,都会有最强的,但这里有个问题,我们怎么样确认孩子的优势呢?这就有个科学测试问题。如果不经过科学的测试,武断地认为孩子有什么样的才能,这在培养孩子上会出现差错。

(2)有的孩子,由于学习方法问题,已经在自己的长项上遭受挫折了,或者在心理上受到了伤害,如果得不到恢复,或者得不到心理治疗,他那项优势才能也是得不到很好发挥的。

(3)加德纳提出7个智力中心,他说有的孩子在某些智力上弱,在某些智力上强,但他没有说弱的智力就不能发展。我认为,对于儿童,特别是小学生,他的各种智力都有很大的发展空间。

(4)作为小学生,提早为他们确认某方面的智力弱,这是不科学的。特别是我们的孩子在学习基础课方面遇到了困难,然后我们就说这个孩子这项智力不占优势,这种说法是错误的。我们只能说我们没有掌握教育这个孩子的方法,而不应该说孩子没有这方面的智力。这样给一个孩子定性是不符合事实,也是不负责任的。

我想,在小学阶段,提出孩子某些智力有缺陷,而去"挖掘"孩子的智力优势,避开孩子学习遇到的困难科目,这是一种躲避。原因是,第一,孩子的工具学科,如语文、数学、外语,只要我们有爱心,给孩子方法,孩子都能学好。如果我们没有爱心,没有方法,孩子最优势的学科也会出现偏差。第二,孩子在中小学学习的基础课,是他今后发展的基石,是必须掌握的。

儿童的未来需要基础课程,每个儿童都有能力学习好主科,关键是培养孩子的学习兴趣和予以正确的方法。

⊙ 错误八:指手画脚瞎操心

在过去的多少年里,我们一直提倡"向雷锋学习",但实际效果并不好。为什么呢?我们人类有主动自愿做好事的本能。我为社会、为别人做好事,是出于我的本能,如果你让我向谁学习而去做好事,我做好事的意愿似乎不是我的本能,而是别人让我做我才做的。我本来就愿意做,为什么要把我的意愿变成别人的精神呢?雷锋精神是值得学习和提倡的,但刻意组织,为学雷锋而学雷锋,意义就变了。

作为一个儿童,虽然他很小,但他有尊严,有责任,他能把学习的事情做好。可我们的家长一介入,二督促,三唠叨,事情就发生了变化,似乎学习是大人的事情,而不是儿童的事情。儿童的自尊就受到了损害。再加上家长对教育又不是非常地懂,孩子的学习动力就要受到影响。

作为家长,我们必须赋予孩子崇高的学习动机,告诉他学习是自己的事情。他能胜任学习,能独立进行学习生活,而不需要大人操心。说来也真的很奇怪,有时我们过分地相信孩子,比如我们给孩子大量的作业,让他们刻苦学习,认为他们完全能做到,殊不知孩子不能以刻苦的方式学习;有时我们又过分不相信孩子,比如我们不相信孩子能把学习看做是自己的事情,能独立、自愿地进行他们的学习生活,于是我们唠唠叨叨没完。我们完全忘记了孩子在成长,他们都有求学心,都有求好心。忽视了他们在老师和同伴的鼓励下,已经逐渐向独立的学习生活努力。特别是孩子在怎么样学习,什么时候学习,学习多少,学习什么,家长都要指手画脚,一一过问,并且没完没了,使孩子过早失去了自尊和自信。当孩子学习不佳的时候,家长就抱怨:一切都是孩子的错。

　　我观察过很多有问题的孩子,也认真地观察过他们的家长,他们都非常关心孩子,但传统的旧的教育观念在他们的脑海里根深蒂固,其结果,他们对孩子的学习越执著,孩子的问题越严重,心痛的是对孩子的问题全然不知。所以,孩子不能不管,要用科学的方法去管。

Chapter 6
〈 第六章 〉

培养认同感是教育的保障

　　不管在家庭、学校或者走向社会，参加任何团体或组织，孩子都必须有服从的观念。服从应该是他的优秀品质，也是一种美德，如果他不能服从，那么在群体生活当中，在组织生活当中，就会进行捣乱，会给组织添麻烦，给团体添麻烦，最后这个孩子也不能成功。

⊙ 听话是教育的前提

在这里,我先举一个美国著名作家的例子,这个作家的名字叫海伦·凯勒。她五岁的时候就已经是盲童了,既听不见,又不会说话,每天非常暴躁,吃饭的时候,会把桌子上的碗、盘子都推到地上去,家里人都无可奈何。后来,她的父亲就到聋哑学校给她聘请了一个老师,这个老师的名字叫沙利文。当沙利文老师离开学校要去接这份工作的时候,她学校有一个老师,也是盲人老师,找到她并告诉她:"你一开始就要让这个孩子听话,如果她不听你的话,你的教育就会失败。"接着,这位盲人老师讲了他自己童年的经历,他的童年就是不听话,想怎么样就怎么样,影响了他的学习。沙利文记住了这句话,于是就奔赴农场,这个农场主就是海伦·凯勒的父亲。当见到她家人的时候,沙利文就跟他们说:"我教育这个孩子,一个条件,就是在实施教育的时候,你们不能插话,你们不能影响我。同时,在七天内,给我找一个房子,我单独地和海伦·凯勒生活在一起。"农场主就在他的住所旁边的一个地方找了一间房子给她们住下来。海伦·凯勒是非常不合作的,有的时候就像她平时那样子发脾气,比如:让她吃饭,她不吃,不吃就非得让她吃,然后她就闹,最后饭也吃不成,沙利文就和她较量;有的时候,她就哭闹,沙利文也不管她,就让她在那哭,哭够了也就睡了;睡了起来之后,她还闹,沙利文寸步不让。一周过去了,孩子听话了。沙利文实现了她教育这样一个儿童的第一步,再接下来,她俩相处越来越亲密。后来,沙利文就叫她学说话,学写字,教她读书,就这样一步一步地学习,海伦·凯勒就学习了小学的课程、初中的课程,又学了高中的课程,最后还参加了美国的大学考试。因为她是盲人,看不到又听不见,那么沙利文老师给她做了很多特殊的工具。比方说,做几何题的时候画三角形,都有特殊工具来帮助他。后来,她完成了大学的学业,成为了一名演讲家及作家,还出了一本书。海伦·凯勒成了19世纪全世界学习的典范。那么她的成功,其中有一点可能证明,如果沙利文老师在实施教育之前,海伦·凯勒不听话,她就完成不了这个教育。

有一个家长告诉我,他孩子所在的班通知所有调皮捣蛋的孩子家长来开家长会,老师告诉这些家长,要管教好自己的孩子。从这一点上来看,这个老师已经遇到困难了,她无法上成课,那些孩子和她对抗,除了老师的工作方法不当之外,最重要的是这些孩子听话的意识根本就没有培养起来。要想让一个受教育者完成良好的教育,那么他必须是听话的。北大的学生、清华的学生、各省的高考状元,我想他们从小都是听话的,否则他完成不了学业。事实上,仔细地想一下就能明白:孩子不听话就无法实施教育,孩子也就接受不到良好的教育。

⊙ 为什么要听话

1. 良好的教育需要孩子听话

我在上面的"让受教育者听话是实施教育的先决条件"里,充分说明了良好的教育需要孩子听话。如果孩子不听话,他就不能获得良好的教育。

2. 和谐的家庭需要孩子听话

在当今社会里,有些家庭不和谐,夫妻之间有矛盾,母子之间有矛盾,父子之间有矛盾,整个三口之家矛盾重重。这是什么原因导致的呢?夫妻是有责任的,孩子能听话,对一个家庭的和谐起到了一个很好的作用。如果孩子不听话,他就加剧了家庭的矛盾,不听话的孩子,时不时地会左右父母的行为,加剧家庭的矛盾。不和谐的家庭,孩子成为一个不和谐的主要成分。我们也听到很多家长说,没有孩子的时候夫妻都很和谐,过日子也很有劲头,当孩子出生之后,特别是孩子三四岁以后,家庭就开始矛盾重重了。当我们问到家庭矛盾的起因时,家长都会说是从孩子身上来的。所以说,没有从小教育孩子听话,孩子就不能很好地在家庭当中进行生活,反而给家庭添乱,孩子听话是良好教育的一个需要,同时也是和谐家庭建设的一个需要。可能你的孩子已经不听话了,但是你还有很多亲友、很多朋友,他们的孩子可能还小,要告诉他们,教育孩子一定要让他们的孩子从听话开始,这个对家庭幸福、家庭教育是至关重要的。

3. 服从是孩子良好的价值要素

从理论上来讲,作为一个孩子,他必须有服从的一个价值要素。不管在家庭、学校或者他走向社会,参加任何团体或组织,他都必须有服从的概念。服从应该是他的优秀品质,也是一种美德,如果他不能服从,那么这样的孩子在群体生活当中,在组织生活当中,他就会进行捣乱,给组织添麻烦,给团体添麻烦,最后这个孩子也不能成功。当孩子大了,步入社会,他会接触各种团体、各种组织,他没有服从的精神,就很难加入到主流社会之中。比如:他加入了一个公司,公司领导会发出指令,公司的职员必须服从公司的指令,去完成他的业绩。如果孩子从小不能听话,也就没有服从的精神,这样的孩子长大之后,他会捣乱,会和领导对抗,这样就影响他的业绩,也影响他的提升。因此,听话这一点对孩子养成服从的习惯,是非常重要的。

4. 良好的合作需要孩子的服从精神

在这里,我们要讲到合作。事实上,我们任何一个人,每天时时刻刻都在和别人合作,从家庭到社会各个阶层,一个人是做不了工作的,他必须和别人一起合作来完成一项工作,在一项工作中得到他应该得到的酬劳。现在的社会就是这样的一个合作的机制。现在的社会和过去的小农经济不一样了,孩子长大以后处处会遇到合作的问题,这就需要孩子有良好的合作意识。要想合作好,他必须有服从的精神。当他参加了一个团体,那么这个团体在实施任务的时候,他就要有听从团体的命令,服从团体的精神,执行团体的指令,一步一步地使业绩提升,使工作效率提高而获得绩效,这样他才觉得人生是有意义的。现在,有很多大学生毕业之后找不到工作,实际上,他不是找不到工作,他已经多次找到工作了,由于他没有这种服从的精神,没有这种合作的意识,使他一次一次从公司退出来,最后待在家里成为"啃老族"。这样的情况特别多,当然这里面还有许多其他的因素。总之,一个高素质的孩子他必须有服从的精神,有一个合作的意识,而良好的合作也需要孩子的服从精神。因此,我们要想培养高素质的孩子,必须从教育孩子听话着手。

5. 团队精神是现代人的素质

讲团队精神,实际是讲合作的概念。我们的孩子很难一个人去单打独拼的,在现代社会里,孩子长大后,他必须参加一个团体,或者是两个、三个团体,才能实现他的人生价值。那么这个团队的精神他必须要有,这是现代人的素质。这个素质关系到人的发展,关系到他的才能的发挥。我们在社会上也碰到很多有能力的人,他的知识发挥不到一个极点,往往就是缺乏团队精神。要想在事业方面取得进展,他必须参加一个团队,然后他在团队里要有一种团队的精神,有了团队精神之后,他的素质才能体现出来。如果体现不出他的团队精神和发挥不了现代人的素质,那么他的业绩就上不去。为此,现在的工商业非常注重团队精神的培养,而很多的拓展公司专门培训员工的团队精神。在团队的活动当中,孩子会碰到各种各样的问题,拓展公司就对员工进行训练,让他们有团队精神。实际上,大家都知道,这样的团队精神的训练是成人的一个训练,如果孩子从小就不是一个听话的孩子,那么他的团队精神就不存在,这样训练起来最后也会被淘汰,因为团队训练,它是要经过一次次训练,一次次淘汰。

我记得有一个影视片叫做《士兵突击》,那里面介绍了一个部队汇聚了多个部队的精英,然后对他们进行团队训练,当时的人数很多,后来一步一步地淘汰,最后只剩了二十几个人。这也就说明,很多人虽然有高素质,但是他没有团队的精神,他会在这个训练中逐渐被淘汰。我们在大公司里也会看到,很多人进公司的时候是很闪亮的,但是随着时间的推移,慢慢地就会跟不上了,因为他没有团队精神。为什么他没有团队精神呢?因为他从小没有学会听话,这样的人还得从这个公司走掉,再去应聘另一个公司。他要经过无数的痛苦地选择,最后意识到自己的合作精神之后,才能安下心来,谦虚地和大家相处,来学习合作。我想:如果我们平时能教育孩子听话,这样他就不用付出这么大的代价来培养他的团队精神,以完成他的团队的工作,完成他的业绩。

6. 行动力是事业成功的保证

现在在企业培训当中,我们经常会听到行动力或者执行力。这个行动力或者执行力,就是在一个团队或者在一个公司里,上面的领导指令下达之后,下面的员工就雷厉风行地去做。那么这种行动力是来自哪呢?分析来分析去,还是从孩子从小学会听话而来的。能听话,会服从,他就会很好地去执行上级的命令,就有了行动力;有了行动力,他的事业就会成功。现在,我们接触一批批的大学毕业生,他们的行动力有时候就表现得很差。比方说,领导或者同事跟他说:你下午把那个电脑的程序给改一下。他不去执行,还反问一句:这个能用不就可以了吗?实际上,这个里面有这样的一个道理:作为一个领导,他让手下的人去做什么事情的时候,他没有时间详细地把这个事情的原理和事情怎么样的一个过程讲给员工听,管理人员没有这个时间给员工解释的,让你去执行就行了。也就是说,你把这个程序卸载下来,然后装另一个就行了,至于为什么你不用问,因为,如果你问了就要给你解释,这样就会浪费时间,就会影响行动力。我们分析一下,作为一个大学毕业生,他为什么会反问呢?他反问完了之后,他还是要去做,那他为什么不直接去做呢?实际上,我在这里只是举一个例子而已,就是这样的例子也是非常多见的。我们就发现这样的孩子他没有行动力,这样要取得团队工作的效果是很难的。这个行动力,我们往往说是事业成功的保证。因为,像这样的员工,在一个公司里工作一段时间之后,领导就会把他辞掉,再换来一个人。一个能够听话的,让他做什么就能立即做,而且能做好,就是有行动力。因此,培养孩子要想获得成功,他必须有行动力或者是执行力。这个行动力、执行力都是从小听话,最后形成了服从的价值,形成了合作的意识来完成的。

⊙ 培养孩子认同感的科学方法

对孩子进行教育的时候,让他听话,对现实、未来有什么意义,以上我都讲清楚了。大家多少就会认同我说的教育孩子听话这种理念。运用现代心理科学方法让孩子学会听话,我讲十个方法。

1. 从小训练

孩子听话不听话,可能就是从一岁到三岁这段时间形成的。这点非常重要。我认识一个家长,他的孩子上小学五年级,非常优秀。周六下午不上学了,他在家安排自己的作业,看书,等等。家长说你不能看电视,然后他就不会看电视,乐此不疲地看书,家长外出回来也从来没有发现电视有被用过。就是这样的孩子,你叫他做什么就做什么,他能跟家长的意志保持一致。相反有无数家庭的孩子就做不到这一点。比方说,周六下午爸爸妈妈要外出了,孩子自己在家。告诉孩子,你要把作业完成,要把那些书看一看,不要看电视。可当家长回来的时候,电视还有余热呢。而孩子会瞪大眼说我没看我没看,我在做什么做什么呢。很明显孩子在撒谎。从儿童发展来看,等到孩子上小学了,再教育他听话已经晚了。上面那个听话例子的那个家长跟我讲过,孩子小时候吃饭时,她规定孩子坐的位置,他不能到桌子另一边去,如果到另一边去,她就会惩罚他。在许多方面家长都做了严格规定。这样就比较容易训练孩子从小听话。当孩子大了,我们不能够说不能训练,但是训练起来就难。因此,对孩子听话的训练要从小开始。

2. 利用本能

孩子有什么本能呢？孩子有吃饭的本能,睡觉的本能,孩子快乐的本能,孩子玩耍的本能,孩子求知的本能,等等。我们在训练孩子听话的时候,要利用孩子的本能。比方说,我们让她多吃青菜,少吃肉,孩子就不高兴。这顿饭,不但不吃菜,饭都不吃了,然后说我不饿。好了,这样我们就要利用孩子不吃就饿的本能,来教育孩子听话。今天家长没有给他做他想要吃的那种大鱼大肉,他就不吃了。他不吃就不吃。他不吃的时候,家长也别管,吃完饭之后,就把桌子收拾掉,然后把剩饭、剩菜都倒掉。接下来孩子就做他自己的事情了。我们知道他一会就会饿,饿是他的本能。当他饿的时候,他会提出吃的要求,那么,家长就坚决不给他吃。告诉他:我们的饭,大家都吃,你也必须吃,小朋友必须多吃青菜。你不吃,而且绝食,那是你的事,现在没有饭了,你只能等下一顿吃了。同时,要告诉他家长做什么饭,你就要吃什么,不然就饿着。家长不但要这样说,还要执行。你的孩子饿一顿两顿保证饿不坏,但是他从饿当中学会了听话。也就是在第二次家长端上青菜的时候,他也照样吃饭。因为他知道上一次没有吃饭,就挨饿了,挨饿是很痛苦的,小朋友最怕挨饿的。因此,我们要利用这种本能来教他学会听话。再举个例子,孩子睡觉是他的本能。

家长让孩子及时做作业,他不听话,有的孩子就是不完成作业,他拖延。家长就应该用睡觉的本能让孩子听话。比方说,今天他应该八点半就完成作业的,到 12 点还没完成。这个时候,你就不能让他睡觉。并且告诉孩子,你不完成作业就是不能睡觉。他不睡觉就会非常痛苦。他用很痛苦的方式完成了这次的作业。那么到第二天晚上再做作业之前,你要跟孩子讲,如果你今天再八点半之前不能完成作业,还可能会得到昨天那样的痛苦。这样,孩子就知道他必须完成作业,迟完成不如早完成。我早完成,我早去玩,我要是完成不了,也玩不了,并且连觉都睡不成。当然了,孩子睡觉很重要,你也不能天天这样利用本能去管他,还要结合其他的方法。

再比如,孩子最近想要买一辆电动车。作为家长,你觉得电动车不应该买,如果买了之后会影响孩子的学习;或者这个时间不对,马上就要期末考试了。你跟孩子说这个电动车暂时不能买,咱们放寒假再考虑。孩子不干,跟家长闹别扭,这种行为就是不听话。他不想去了解家长说话的意思,于是和家长对抗,在这种情况下,就要剥夺他的一些快乐,比如不给他零花钱。也就是说孩子不想认真地理解家长说话的意思,他就会得到一个教训,很多事还是要听家长的。以上就是利用孩子本能训练他们听话。孩子的本能也比较多,家长要学着去利用。但如果说一个家庭教育总是利用孩子的本能对孩子进行惩罚,也会破坏孩子的本能。实施运用的时候,不要频繁,并且每次运用的时候,一定要让孩子心服口服。这样就有利于孩子听话的训练。

3. 抓住时机

家长发出指令的时候,孩子去执行,这就是孩子听话了。但是,我们发出的指令一定要有选择,选择时机,选择地点,同时,这个指令一定要有意义。家长要是发一些无聊的指令,孩子就会无所适从。这样孩子最后就不能遵守家长的指令,我说的就是这层意思。家长要在孩子高兴的时候发出指令,这是什么意思呢?我们有的时候发出指令,孩子不去执行,特别是在他不高兴的时候,很多事情不如意的时候,焦躁的时候,他不但不听,而且还反驳你的指令。我们就说在这种情况下发出的指令不是好的指令。一般来说,孩子在高兴的时候,家长发出指令,叫他去做什么,他就很愉快去接受,而且会高效地完成。这样一来我们总结了一个经验,就是要想发出一个完美的指令,那必须在孩子高兴的时候。《论语》里边有一句话,"时,然后言,人不厌其言",就是这个意思。你发出的这个指令,一定要合乎一定时间,一定场合,这个时间和场合非常有利于孩子接受,不至于孩子讨厌才好。

4. 换个途径

孩子小时候,教育孩子实际是进行的一种训练,也就是让他服从家长的很多指令。这样,他的大脑就形成了一个机制。也就是老师的话,家长的话,去好好地执行,好好地做,这样能使他有充分的玩乐时间。但是我们大多数家庭只采用口头的语言,去告诉孩子,你这样做,你那样做。一个10多岁的孩子,你用语言的方式已经和他说10多年了,使他听觉神经疲劳了。他在执行你的话的时候就不会顺畅。正确的做法是要采用三种方式发出指令。比方说,孩子已经不听你的话了,晚上看电视,你一遍一遍说:"你不要看了,去睡觉吧""你不要看了,去做作业吧""你不要看了,我要关电视了",等等。孩子还是不动,就不执行你的指令。因为你的语言信息用得太多了。这样,孩子会把父母的话当耳旁风。这个时候,正确的方法就是用一个卡片,上面写上:儿子,请你不要再看电视了,妈妈要关电视了。你把卡片放到他的桌子上,他看到卡片之后,会跟你笑笑,就执行了你的指令,然后就去睡觉了。这样你就可以关闭电视了。我们和孩子说,是听觉的信息。给孩子看,是视觉信息。我们说,这个视觉信息的指令,孩子看了以后就比较容易接受。因为,他以往都是听的语音的信息,他不爱接受。那么家长换了一个视觉的信息,他就接受了。我们再举一个例子,孩子正玩得很开心,这时候做作业的时间已经到了,如果你一遍一遍跟他喊,他就会像没听到你的话一样,继续玩。给你的感觉,这个孩子就是不听话,就是把家长的话当耳旁风一样。这个问题和前边一样,你孩子不听话,是你用的语音信息太多,孩子的听觉神经疲劳了。那么你怎么办?你就采取一个动觉的方式,走到他身旁拉他一只胳膊,并且说:"儿子,赶紧去做作业,做完我们要到外边去打球。"于是孩子就跟着你进书房了,赶紧就做作业了。这个信息就是一个动觉的信息。以上我仅是举了两个例子。家长不但要用语音的信息和孩子沟通,发送指令,还要用视觉的信息发送指令,也要用动觉的信息发送指令。这三种指令不断地交替,孩子就会有执行力,也就会痛痛快快地听你的话。在这里边家长要掌握,特别要避免"唠叨"这种语言信息的频繁使用。

5. 搁置问题择期讨论

有的时候,我们会和孩子发生争执,就一个问题争执不下。比方说,孩子说马上就要买山地车,我们家长觉得,现在马上就要入冬了,孩子要山地车也骑不了几天,明年开春再买。就这样一个问题,孩子就和家长进行争论,就和家长对峙,不可开交。在这种僵持的情况下,这样的争论是没有头绪的。我们家长就要采取一定的方法。也就是用择期讨论的方法搁置争论的问题。就以上面的例子为例,今天讨论了一上午也没有讨论出结果,然后你告诉孩子"这个事情我们下周再说。就是买与不买,我们今天不讨论,下一周我们再讨论这个问题。好了,儿子,赶紧去做作业。"当孩子听家长说,现在不讨论,下一周讨论,此时此刻,跟家长对峙也没有结论,那好了,他就听从了。到了下一周的时候,孩子就会发生很大的变化。因为孩子的大脑有的时候转不过弯,他会和大人唱反调。当孩子晚上睡觉的时候,他右脑的潜意识就该开始工作了。潜意识就会告诉左脑说:你妈妈说得对,现在不能买山地车,等来年开春买最合适。孩子的左脑就得到了这个信息,第二天早晨就不提买山地车的事情了。可能到了下午的时候,他就主动地跟妈妈说了,妈妈我听你的,明年春天买吧。这个争执很简单的就过去了。用择期讨论的方法搁置争论问题,实在是再高明不过了。我们说用科学的方法教育孩子听话,所谓科学,这里边就是搁置了这个问题。那么为什么要搁置这个问题才能成功呢?源于孩子大脑的潜意识科学,我们运用得好,就可以轻松解决问题。所以希望家长在碰到这样的问题的时候用这样的方法。

6. 必要时家长要动用否决权

家长要命令孩子去做一些事情。有时候,孩子也会跟家长提出要求,说他要做什么做什么。我们说孩子可不可以提出问题,提出他的主张,他的要求,这个可以。孩子不管提什么问题,一旦他提出的问题有损价值观,就是有损于孩子价值观培养的事情,那么我们家长要及时动用否决权,也就是立即否决他。不让他有任何的幻想。我举一个例子,有一天,孩子放学回来了,然后他跟妈妈商量一件事情,他说要把一个玩具给班长。那么他提出这个问题,我们家长一眼就看穿了。这个孩子在和班长拉近乎,他要想利用这个玩具去贿赂班长,那么这个就关系到孩子的价值观。在孩子的成长过程中,他可以去交朋友,但是,如果他用贿赂朋友的方法,用讨好朋友的方法,那么孩子这个价值观就是错误的。我们家长就应该动用否决权。让孩子打消送班长玩具的想法。在生活当中,我们会碰到很多这样的事情,家长就要坚决阻止孩子的这种有损价值观形成的行为。再比方说,一个孩子跟家长要

1000 块钱过生日,用这钱去把他那些朋友都召集来,实际上,他想利用生日来增加自己的人气。这种价值观本身就是错误的,如果家长听从了孩子的要求就给他 1000 块钱,这就更加错误了。当孩子提出要钱过生日的时候,家长就要立即动用否决权,并且告诉孩子,生日是妈妈的受难日,你应该为妈妈做点什么才是对的。家长要在现实生活中分析哪些事情是孩子提出来有损价值观方面的,并及时地纠正他们的错误价值观。这样孩子就会很理性地成长。

7. 一旦对峙不能妥协

这个问题的提出是这样的:现在我们很多的家庭是孩子说了算,也就是孩子是领导,家长是群众,孩子领导着家长。很多事情,孩子摆布家长。那么这个问题是非常严重的。介于这种情况,我们提出:家长一旦和孩子对峙必须取胜。如果你对孩子的政令贯彻不下去,孩子自己有一套,他这套和你这套往往就会发生对峙,有的时候家长就会输掉,导致孩子不听话。我们对这个问题的理解是,家长应该多学习一些教育的科普知识,掌握教育孩子的方法,当教育孩子遇到问题的时候,家长就不会处于尴尬的地步。现在很多孩子的智商比家长还高,他提出来的问题就是让你家长掉入陷阱,掉进去之后家长还觉得不甘心,要和他争论,要和他对峙,对峙之后还不能取胜。所以说,我们要用科学的方法和孩子进行交流,在这个过程当中,如果你和孩子对峙了,你就必须取胜,要不你就不对峙,用其他的方法和孩子迂回地解决这个问题。前面我已经讲了一些方法,用其中几个方法之后都能避免和孩子对峙。但是一旦对峙你就要取胜,如果今天对峙家长失败,明天对峙家长失败,后天对峙家长还失败,这样孩子不听话的意识就被培养起来了。也就是说他总是有理由的,你永远说服不了他。这样的家庭教育就进入了一个尴尬的状态。

8. 拒绝讨价还价

现在的独生子女智商非常高，有的时候他在接受家长指令时会讨价还价，他们知道什么时候讨价还价能成功，什么时候不能成功。他们往往会在能成功的时候和家长讨价还价，这样就使你的教育打折扣了。一旦出现你命令孩子做什么，孩子和你讨价还价的时候，你坚决不能答应他。比方孩子说，妈妈我做完作业想看一会儿电视。可你的孩子现在已经近视了，已经对学习没有兴趣了。在这种情况下你不能让他看电视。但是他在跟你讨价还价，意思是你让我看电视我就好好做作业，我就快点做，你不让我看电视那我就拖延，我不做。家长害怕孩子不能及时地完成作业，然后顺口就答应了："行啊，快做作业吧，做完之后你再看。"家长就这样妥协了，孩子的讨价还价就成功了。那么我们正确的做法是，这个电视该孩子看我们就给孩子看，不该给他看，别说他不做作业，就是他不上学、不吃饭，也不给他看。家长不要害怕，也不要上孩子这个圈套，要义正词严地告诉孩子：学习是你的职责，作业是你的事情，你做这份工作是你的责任，你没有讨价还价的资格，你讨价还价也没有用，该给你的就是给你，不该给你的你要也不能给你。如果家长坚持这样的一种教育方式，孩子就会收回他讨价还价的行为。当孩子把自己的所有事情，比方学习、劳动、作业等，看做是自己的事情的时候，他就形成一种习惯，就不跟家长讨价还价了，也不会对家人产生任何侥幸的期待了。这样的孩子就比较理性，比较好教育。

9. 避免让孩子左右

在我们很多家庭当中，都是孩子说了算。孩子的知识量比家长的大，特别是一些高中的孩子，在家庭生活当中，孩子左右家长，往往就是用学习这个事来要挟家长，告诉家长：你要怎么做，我就好好学习；你要满足我这个要求，我就会考试得第一；你要满足我那个要求，我会竞赛获奖，等等。就这样一次一次和家长谈条件，孩子就一次一次地左右了家长。长期这样下去，孩子听话就很难做到。孩子的服从精神、听话的素质就不会培养起来。

家长在任何时候都要避免这种事情。在家庭中，监护人是家长，孩子是被监护者，被监护者必须是听监护者的话，也就是你孩子必须听妈妈的话，必须听爸爸的话。孩子左右家长是不可能的，一次都不成。我们就用这种方法坚定地回答孩子才好。比方说，孩子提出要看电视，家长要不给我看电视，明天我就不上学了。实际上，家长要明白：今天不让他看电视，明天他就不上学，不上学就不上学。像我刚才说了，他是威胁家长。等他晚上睡觉的时候，他的右脑就会告诉他，赶紧上学。这样，第二天早上他就照常吃饭，照常上学。这就是说他左右家长，没有左右成功。那么我们家长反过来也总结一下经验，我们应该执行的，就要坚决执行。不让孩子钻空子，一次也不行。这个空子堵死了，他也就不想再钻了。这样我们教育孩子就比较顺利了，因此，不让孩子左右家长，这是很重要的。我们在很多劣迹的少年的记录里看到，孩子先一步一步地左右家长，又一步一步地走向犯罪道路。这个教训是非常沉重的。

10. 不断充电

怎样能教育好孩子，实际上，大多数家长没有多少教育方面的知识，对教育的很多理论、很多方法不懂，经常理解错误。这样就很难培养起一个听话的孩子，在这里提出的是，家长要不断地学习，灵活掌握，灵活运用教育的理论与技巧。把教育孩子的理论和方法学到好，那么我们教育孩子就游刃有余了，也就不费力了，也就简单了，简化了，顺畅了，然后就能培养出一个高素质的好孩子。

⊙ 听话教育中要注意的几个问题

在教育孩子听话的时候,我们不能从一个极端走向另一个极端。以前我们教育孩子没有让孩子听话,就是走了教育的一个极端或者是歧途,现在我们开始觉得孩子听话是关系到现在的学习和未来的成长,意义重大,那么我们现在开始对孩子进行听话的教育。对孩子进行听话的教育,家长也不能走极端。

1. 充分给予孩子话语权

培养一个孩子,听话是众多素质中的一个素质,孩子还有很多素质,比方说他有独立的思维能力,有独立的个性,有独立的想法。这些我们都得让他去实践。所以,给予孩子话语权,就是让孩子充分表达他的意思,这点非常重要。如果家长根据我上面讲的内容让你的家庭变成"一言堂",孩子听到的都是爸爸妈妈的指令,没有表达的机会,这个就是非常错误的。为什么说是错误的呢?因为孩子如果有了话语权,他每天都会把自己的心里话给父母或者老师说,这样的孩子反而就更容易听话。也就是说,要给他发言的机会,让他表达他想要表达的,孩子通过自己语言的表达(他的大脑会整合一些好的信息,这些好的信息其中就有听话的信息,就有听话的概念)。所以说,要充分给予孩子话语权。

同时,我们也要避免让孩子变成了一个机器人,家长让孩子做什么,他就得做什么。就像部队一样,军令如山倒,你必须听从命令,下级必须服从上级,让你做什么你就做什么,不让做什么你就不能做什么,这是绝对的。但是我们教育孩子,如果三百六十五天都是"军令如山倒"地教育孩子,那孩子的个性就会受到压抑,会出现心理疾病。因此,我在这里边提出,充分给予孩子话语权。

2. 充分给予孩子民主

前面讲了一些让孩子听话的方法,似乎不是很民主。孩子是未来社会的主人,要有民主意识,他应该当家做主。那么,我们也要培养他的民主。这个民主怎么培养呢?这就要在你的家庭当中,一周要开一个很正规的家庭会议。在会上,规定哪些事情是要讨论的,爸爸、妈妈、孩子都要发言。我举一个例子:假如我们明天去旅游,今天开一个家庭会,看看我们走哪个路线。孩子就可以说他的想法,家长也可以按孩子的说法去组织这次旅游,或者是部分按照孩子的说法去组织这次旅游,这样就给他一个民主的机会。这样,家长对孩子的教育更有把握。家庭会议上,孩子有十件事提出来,这十件事如果我们都用否决权,这对孩子是一个打击;如果我们都同意了,对孩子的教育也会出现偏差。那么,我们对这十件事进行一个划分,孩子提出的十件事,家长要有三件事满足他,给他民主的权利,让他当家做主说了算;还有三件事是我们家长说了算的,也就是否决这些事,坚决不能让孩子做主,让孩子懂得这三件事家长不会同意,因为家长是监护人,他必须听家长的;另外有四件事,家长就和孩子讨论(我们用民主的、自由的气氛讨论的时候,家长的大脑会在理性的状态,孩子的大脑也会在理性的状态)。在理性的状态范围内讨论,孩子说话也会有道理,同时孩子也会听从大人的意思。这样,在这四件事当中,可能又找到两件事是服从家长的,另两件事是孩子说了算的。这个家庭会议的结果是可以的。孩子提出的十件事,家长就采取三三四制的方法,三件事听孩子的,三件事听家长的,四件事是讨论的。这样的一个比例就防止孩子走极端。当然,"十件事"只是个例子,总体上就是说我们不能完全剥夺孩子的话语权,剥夺他的民主,我们也不能全听孩子的,家长要有一个比例,如我刚刚说的"三三四制"这样的一个方案。教育孩子如果实施了这样的方法,那么我们的孩子大脑始终在理性当中,他会很听话,同时也会提出他的诉求,这样的教育就是比较成功的,我们也最终达到让孩子成长的目的。孩子什么时候成长了,成长的目的是什么?就是让孩子对于对与错、善与恶、美与丑,这样的概念清晰了,可以正确地分辨了,孩子的教育就是成功了。

3. 多给予孩子选择机会

孩子有的时候会提出他的问题,家长也会提出自己的问题,为了防止孩子在执行家长命令时的机械,我们要给他选择的机会。举个例子,孩子要买一套运动衣,家长就可以和孩子讨论,你说:"儿子,这个运动衣马上就给你买,你是买七十块钱的,还是买一百块钱的。"让他选择。他可能说买一百块钱的,那就买一百块钱的;他可能说买七十块钱的,那就买七十块钱的。这种选择是比较有意义的,给他一个民主的机会,一个话语权的机会,不让他在处理问题时独来独往。给他一个小的范围,让他在这个范围里去实施他自己的计划。这样,孩子在听话与不听话之间,用这种选择的方式教育了自己,进而他就不跟家长对抗了。实际上,家长会有很多智慧的方法不让孩子和家长分庭抗礼、产生对峙,选择就是一个方法。

4. 充分给予孩子自由

一个好孩子是在自由的环境下成长的。一个环境不自由(这个环境,我们指的是家庭环境、社会环境和学校环境),孩子所做的一切都是家长、老师的命令,在这种环境下,孩子很难听话。我们现在发现了很多孩子不听话,其中就是我们没有给他创造自由的环境。我说的自由的环境,就是孩子在这样的一个环境里,他自由自在地成长,一旦他出现了一个偏差,家长稍稍地指导,他又回到了这个自由的、正确的轨道上来。当他出现偏差,我们就给他校正一下,很简单的。如果我们不这样做,在每件事上都规定孩子去这么做,去那么做,结果孩子就不会形成自律的人格,同时,他做事情的时候,也没有自己的主动性,这样也会出现很多问题。因此,我们虽然说教育孩子要听话,并不是把这个环境创造得非常严格,让孩子无所适从,那也是不行的。还是要多多地给予他自由,特别是我前面讲的那些方法,家长要运用起来之后,让孩子感觉起来更自由,孩子更听话。

5. 给捣蛋鬼听点音乐试试

在独生子女中总有一批极端不听话的孩子。这些孩子就是有捣乱癖,你说东,他就说西,你说南,他就说北,你说做作业,他说等一会儿。你说什么,他就反对什么,一切他都反对。这样的孩子,他已经形成了捣乱癖的性格。这种性格一旦形成,家长没有办法教育的,更谈不上让他听话。在这种情况下,我们提出用学习背景音乐来慢慢引导孩子。这个比家长说千言万语还重要。我们为什么提出这样一个方案呢?原因是这样的,当你的孩子不听话了,有捣乱癖的行为了,事实上,孩子大脑发生了变化,也就是这样的孩子的大脑始终在左脑的范围内工作,他已经不动用右脑了。左脑和右脑之间的区别,左脑一般来说负责很多项,其中就有这五项,斤斤计较、你争我夺、判断推理、利益得失、目光短浅,这就是左脑干的事。也就是你的孩子一旦他的思维活动占据了左脑这个范围,他就会和你家长不断地对峙,也就是那种捣乱癖的行为。那么一旦有这个行为,家长们也不能怪罪孩子。他左脑范围的工作,就是斤斤计较,一点小事都不放过,会争夺名利。

家长给他一个什么指令,然后他的左脑就会判断,进行推理:执行家长这个指令,会得到什么好处。如果有好处,他就干,没有好处,他就跟家长对着干了。就是这样的,利益得失嘛。还有目光短浅,有好处左脑就命令孩子干,没好处就不干。所以说这样的孩子只看眼前的利益。我们右脑负责什么呢,就是听话、顺从、宽容、谦让、耐心、持久、同情、爱心、目光远大,这是一个美好的右脑。如果孩子思维在右脑活动,他就会变得听话、顺从,而且宽容,极富同情心,这样就比较好。那么我们用什么方法让孩子的左脑思维状态转到右脑的思维状态,让他变得听话呢?其中就有学习背景音乐,这种音乐的特质就是让孩子听话的。左脑是负责数学、语文、外语、逻辑推理,等等。右脑是负责音乐、节拍、旋律的,其中还有美术、舞蹈,等等。右脑负责音乐,那么当我们把优美的学习背景音乐给孩子播放时,孩子很快就进入了右脑状态,他的状况就发生变化了。这样,他的思维活动慢慢就进入到右脑。对于有捣乱癖的孩子,我们用语言是没有用的,但是,每天坚持不断地给孩子播放这种学习的背景音乐,孩子一次一次地从左脑的状态,转到右脑的状态,慢慢他们就变得听话了。所以说我们编辑的学习背景音乐其中有一个意想不到的效果,就是孩子听了背景音乐之后,就变得听话了,服从了。因此,我们建议家长要帮助有捣乱癖的孩子积极地运用这种"学习背景音乐",对他们进行慢慢的熏陶。这样孩子也会慢慢听话。

Chapter 7
〈 第七章 〉

学习是
学生自己的事情

"提高孩子自主学习能力"是教育部新课改推行的一种学习方式,自主学习有时是在没有教师或他人指导或帮助的条件下进行的。如果学生不具备相应的学习策略,不具备一些解决学习中实际问题的基本方法,学生即使想学,学习也无法顺利进行,因此尽快让学生掌握一些学习策略是培养和提高自主学习能力的前提。

⊙ 为什么要自主学习

一、学业是个人的事情

大家都理解,作为一个国家、一个民族要想做一些事情,会去找精英做,而不会找不是精英的人去做的。在这之前,我们很多学生、学者都是自己做,自己埋头研究,研究到一定程度了,大家目睹了他的学术成果,才被国家、被政府所采用,我们就说出名了。同时我们想象一下,如果不是这样,我们在社会上找一伙人去研究一些课题,往往这课题就研究成假课题了。要想个人的学业对国家、对民族有贡献,最开始做学问的这个人,都是他自己的事情。政府决不会到哪个大学随便找一个人,说你们给我研究一下什么,绝对不会的,都是人才到了一定程度,成果被大家公认,才被政府发现,才集中起来研究的。从这点来看,我们今天培养孩子,培养他做学问的态度,应该让他学会自主学习。

二、孩子有学习的本能

任何一个儿童自降生那一刻起,他就有学习的本能、学习的欲望。我们大家观察一个婴儿四五个月的时候,你把他放在床上,让他趴着,前面放一个色彩艳丽的玩具,他就会费很大的努力往前爬,去获得那个玩具。实际上这就是一个本能学习的具体实例,就是说孩子有学习欲望,这个学习欲望就是几百万年人类繁衍、遗传下来的一种本能。如果人没有这种能力,人在世界上就会被其他物种取代。因此,孩子学习是有本能的,是有欲望的。我们亲眼看见一个个小学生,背着书包上学去,每天都会有很大的学习兴趣,这就是孩子有学习的欲望。也有的孩子四五岁的时候,为了研究他感兴趣的事情饭都不吃,一个人藏在没人的地方嘀嘀咕咕、如醉如痴,这也是一种学习的本能,而且这种学习本能不论男孩女孩,不论家贫家富,不论是什么环境下的孩子,他都有这种学习本能。因此,提出自主学习是符合孩子的。至于孩子的学习本能现在没有了,那只是暂时的问题,这是我们传统的教育、功利的教育导致孩子的学习本能被破坏,被压抑住了。所有的小朋友都有学习本能,他能学习好的,他有学习欲望的。

三、大脑偏爱探索新知

大家都知道我们人类的大脑有一个属性,就是用进废退。我们不断地用大脑,大脑就会前进;如果我们不用大脑,他就会后退,就会退化。我们现在用传统的教育就会导致孩子的大脑退化。比如,孩子坐在课堂上,语文老师讲课文时,讲得非常的详细,孩子就不用动脑筋了。你让他记什么,他就记什么;让他背诵什么,他就背诵什么;让他理解什么,他就理解什么,孩子的大脑处在接受状态,而不是探索状态。其他的知识灌输也是这样的,这样就导致了大脑的探索系统萎缩了。按理说大脑有这样的属性,特别偏爱探索新的知识,探索了新知识,大脑就会获得极大的快感。比如,一个孩子研究一个科学实验,他研究了一步,获得了一个小的实验的成功(只是对他而言的一个实验);或者说养小动物成功了;或者是他栽的一盆花开花了之后;或者是做了一道难题,难题得到了一个破解之后,那么他都会获得极大的成就感,实际上就是大脑的快感,也就是他的大脑在探索了一个新知识之后,大脑就立即分泌一种快乐的物质,这种快乐的物质立即在全身引起一个快乐的冲动。如果孩子经常地探索新的知识,在这种情况下孩子的大脑就形成了一个不断探索新知识的惯性,于是孩子就会自主学习,去研究自己感兴趣的问题,这是大脑的一个属性。但是,现在我们大多数的孩子都不是了,都是老师让他学什么,他就学什么了;家长让他学什么,他就学什么。他没有探索新知识、没有自己学习新知识的机会,他探索新知的权利也好、欲望也好都被剥夺了。所以说,这是我们要研究解决的问题。在这里我告诉大家,孩子不但有学习的本能,而且他的大脑非常偏爱探索新的知识,这是大脑的属性。

四、自主学习提高成绩

学习分两种,有主动学习的,有被动学习的。自主学习的孩子在学习时都处于主动探索状态。主动探索的孩子,他的成绩就提高得快;如果被动学习,孩子也能提高成绩,但是幅度很小;如果是在被逼迫下学习的孩子,他们的成绩就非常差了。"自主学习、提高成绩"这也是一个大脑的机理问题。当我们的大脑主动地去探索新知识的时候,就会激发一些良性物质,而且大脑最好的记忆时刻,都是在大脑激发出很多良性物质的时刻,其记忆系统才能打开。就是说这些良性物质被激发了之后,大脑的长期记忆系统就打开了。因此,当主动学习的时候,孩子都会激发很大的积极性,需要记的东西都能记住。反过来有的孩子你让他学,他就学,本来一个小时就可以做完的作业,却做了三个小时,这种情况下的学习,孩子就激动不起来,他学习的这段知识在输入大脑的时候就没有多少,输入进大脑的都暂时存在短期记忆系统里,过了一两天就忘记了。我们说孩子主动学习、自主学习,就是打开他的情绪系统,然后和记忆系统就连接起来了,孩子记忆的储存量就大,记忆就牢,学习成绩自然就提高了。因此,自主学习是非常重要的。

五、建立价值观的需要

一个儿童如果能主动地学习他所喜欢的知识,主动地学习学校安排的课程,或者是家长安排的一些课程,这样的孩子大多都有责任感。他认为学习是他的职责,就会把学习当做是自己的事情,时间长了不用家长督促,也不用老师去逼迫他,他自己就学习了。这样,在他学习的道路上,他学习知识始终感觉到是他自己的快乐的事情,孩子的价值观就确立了。学习是他自己的事,他的职责就是学习。从儿童阶段来说,儿童的职责就是学习、探索知识。

现在大多数孩子都处于被动情况下学习,接下来我们会分析他们为什么会被动。在被动的情况下学习,特别是功利的教育,得哄着他、赏识他,他才能学习,就会把他的价值观扭曲了。你赏识他、奖励他、贿赂他,跟他说好话,他才能学习。从幼儿园、小学开始就这样,到了中学,他的价值观就形成了:学习不是他的事情,是家长的事情。那么我们就会发现,孩子形成了一个错误的、不正确的价值观,对他未来人生的发展是极为不利的。因此,我们主张孩子自主学习,这是非常对的。

⊙ 自主学习有哪些困难

从前面几点分析,孩子把学习当做自己的事情,当做是自己的职责的时候,孩子学习就会非常好。既然这样我们就应该让孩子自主学习,但事实上又存在重重阻力。下面我们做具体分析。

一、传统教育思想的作怪

传统的教育思想就是:老师教学,家长辅导。在整个教学过程中,它强调的是教的功能。比如,一个专家到课堂上去听一个老师的课,听完后就给老师总结:你这块儿没给学生解释清楚,没给说明白。于是老师再下工夫,把没说清的句子或题再给学生解释清楚,这样就导致一堂课,老师在那里喋喋不休地说,学生在那里听,像填鸭子一样。老师没给孩子发言的机会,孩子就只能听了,听着听着他就走神了。他的视觉和听觉在这种情况下非常容易疲劳,他没有参与课堂的活动,没有主动地去学习,只是被动地接受老师所讲的内容。这样时间长了,孩子就会发生一种情况:他学习的这些知识都被老师破译完了,他不需要动脑筋就把这些知识接受过来了,我们称这种方式叫做填鸭式。知识不用孩子去细细品味了,张开大嘴接受就行了。这样,孩子大脑的探索系统就会萎缩,长此以往,他就会厌恶这种课堂,我们大部分孩子不愿意上学、不喜欢学习、上课注意力不集中,这是一个主要的原因。

另外在作业这一项上,也体现了传统教育的思想。由于老师这种上课的方式,孩子就不能很好地接受老师所讲的知识,老师讲给他的东西对他来说是没有兴趣的,因此不能深刻记忆。如果让孩子在课堂上主动地参与学习、动脑筋思考、积极地去探究、去记忆,孩子当堂课就记住了这些知识。但现在的教育不是,而是像我刚才说的那样,孩子不能把老师当堂讲的知识储存到大脑的长期记忆系统,要想孩子把老师讲的知识学习好,老师只能大量地留作业,让孩子无休止地做作业。有一个家长朋友跟我聊,说他家孩子上小学时作业就很多,孩子很烦,后来为了躲避作业,让孩子连跳了三级到了中学,他们认为中学作业能少一点儿,孩子能自由点儿,结果还是一样,作业还是很多做不了。传统的教育为了让孩子成绩能提高,老师在课堂上不能应用灵活的方法提高孩子思维,而是用一个蠢笨的方法让孩子提高成绩,所以就给孩子多留作业,让孩子用不断重复作业的方式来提高记忆力。中国80%多的孩子不喜欢学习,就是传统教育造成的,是传统教育思想导致了传统的教育行为,这是没有办法的。这是孩子自主学习的一个极大的困难和障碍。

二、应试教育体制的束缚

我们国家已经提出素质教育,这是教育的一个良好方向,但是这个口号现在也只是一个形式,教育体制到现在也没有变化,反而比最早的应试教育更疯狂。实际上,我们大多数儿童上学就是在体验挫败,谁能经受起这种应试教育的挫败,他就能出头;谁经不起这种应试教育体制的挫败,他就败下阵来。败下阵的结果就是厌学、痛恨学习、痛恨学校,严重的就辍学了。这个教育体制当前来看没法改变,短期内改变不了。教育搞得怎么样,最终的落脚点还是这个学校考几个北大、几个清华。好多上级部门整天就忙这个事儿,使得校长厌倦、疲劳;老师们为了应付各种各样的检查,要做二十几本笔记和会议记录。老师没有时间研究学生,没有时间学习新的知识,没有时间设计课堂教学,只是把练习册给孩子们一扔,让他们去学就完事了。校长把上一级领导的压力转嫁给老师,老师又私心地把这个压力转嫁给了学生,学生回到家里就和家长一起承受这种压力。

三、缺少先进的学习方法

我们说孩子自主学习是一种动力,是一种学习的自主能力,这个学习能力要有一个学习方法的帮助。但是现在大多数的孩子不懂学习方法,老师也不教学习方法,只教孩子刻苦学习、努力学习、勤学苦练,认为这样就解决问题了。老师也没有什么学习方法,在师范课本里没有一本教材是讲授学习方法的,因此孩子获得不了科学的学习方法。孩子如果不掌握先进的学习方法,还用原来的方法学习就等于在消耗孩子的体能,浪费、延长孩子的学习时间,减少孩子的睡眠,孩子当然不能自主学习了,自主学习一定要有方法的。一个孩子要想走到自主学习的道路上,如果没有方法给他支撑,他会受挫的,也养不成自主学习的良好习惯,最后还是厌学。

四、对教育科学知之甚少

教育不单是一门科学,还是一门顶级科学。实际上我们很多老师、很多校长、很多政府官员,包括我们家长根本就没把教育当做一门科学。世界上有三大科学:宇宙科学、粒子科学和大脑科学。我们孩子的大脑是人类三大科学之谜的其中之一,孩子用大脑学习,但是对大脑的知识我们能懂多少?一旦我们对大脑的知识了解了,我们就能明白孩子的知识是怎么传输到大脑的,是怎么储存到大脑的,又是怎么从大脑输出去的。这个过程我们一般都不懂,因为我们没有学习这些科普知识,我们就觉得教育就是刻苦学习、勤学苦练。好多领导专家都主张我们要培养青少年刻苦学习、努力学习的精神,结果中国绝大多数的孩子都厌学了。

要想让孩子养成自主学习的能力和自主学习的习惯,我们教育者包括我们家长一定要懂得教育的科普知识。然后才能引导孩子逐渐从被动的学习状态转到自主学习的状态。

五、家长不相信孩子

我们很多家长很难相信一个儿童如果不去管他,让他自己去自学,孩子会学好。于是,我们很多家长就用死看死守的方式对待孩子学习,家长就是奉行一个死看死守,认为只有这样孩子才能学习好,只有学习好才能得高分,只有得高分才能升学,家长没有考虑到用这种方式最后会导致孩子厌学。实际上我们千千万万的家长在这件事儿上都已经败下阵来了,大家去问问你的邻居或单位同事,孩子学习一塌糊涂了,问他孩子在一年级、二年级时,他是怎么管孩子学习的?她肯定会告诉你,是死看死守这样来抓孩子学习的。因为他不相信儿童能自觉学习,同时也没有培养他自主学习。大家听了我的课之后,就会相信孩子有学习的本能,孩子的大脑有探索新知的偏爱,他能自主学习的,家长不仅要相信他,同时要懂怎样帮助孩子,为孩子创造一个能自主学习的良好环境。实际上孩子自主学习碰到的困难还有很多,我在这里就不多讲了。

⊙ 培养自主学习的方法

一、学习科普知识

当今的教育和其他科技一样,都在飞速发展,每天都有新的教育报告出台。很多发达国家都在研究教育,但是我们中国的研究很少。家长要培养孩子自主学习,你就要学习教育的科学,学习教育的科普知识,只有这样我们才能懂孩子是怎么学习的,他哪个阶段应该学习什么。比如孩子在幼儿园阶段是不适合学数学的,你却非让他学习数学;四岁的孩子是不适合写字的,你却非让他学习写字……因为孩子不具备这个能力,你让他做,他就会厌恶学数学、厌恶写字。现在我们的中小学生很多孩子不愿意做作业,愿意动口不愿意动手,就是因为在他很小的时候,手非常弱小,老师、家长逼着他写,一页二页无休止地让他写,最后孩子厌恶了。他的心理产生一种条件反射,当他一拿笔写字就厌恶学习,他是受到了写字的伤害,在这种情况下孩子就会不喜欢学习。这是由于我们教育者不懂孩子的发展规律、学习方式造成的。

二、从头抓起

家长应该从幼儿园、小学开始培养孩子自主学习的兴趣,让他主动地学习,这个时期的孩子是很好培养的。比如孩子看书时,他会自己看,有时可能看不懂,家长可以告诉他。孩子稍大一点时,就要教会他查字典,让他自己查字典,自己学习生字,数学也是这样。我们的家长和老师一定不要犯一个错误:有问必答。比如孩子问3加5得多少,家长告诉他3加5得8;他又问哪个字该怎么写,然后家长又告诉他该怎么写,家长告诉了孩子答案,孩子就不去自己动手了。时间一长,孩子就产生依赖性,一有问题就问家长、老师,让他们给他现成的答案,我们大多数学生都是这样的。

我讲一个故事,有一个中国的留学生到美国去学哲学,在课堂上,他有时候举手问问题,哲学教授笑一笑就走了,没有回答他。第二天上课了,他又举手问问题,那位教授又笑了笑,没有告诉他就走了。后来这个留学生得出一结论:美国教授的水平不如咱中国的教授,咱中国的教授一问他,他就会告诉你的。半年过去了,他发现不是这样,当时他向教授发问的时候,教授为什么没告诉他答案呢?老师只是让他自己去寻找,或者给一种方法暗示他,目的是不伤害他,又让他自己去探索。

我们孩子的大脑是高度的自动化的机器,什么他都能懂,只要把这台机器开动起来就可以了。因此,我们在培养孩子开始学习的时候,都要让他自己去思考,他的问题自己去解决。当然我现在谈的学习不只是书本上的,我们说的学习是更宽泛的。比如孩子自己养植物,从栽种到开花;他自己养动物,从开始到动物繁殖等都是他自己在动手;他还可以做实验、制作标本,等等。所有这些都应该是孩子由始至终自主学习的,家长和老师对他们的帮助仅限于外界条件方面的,这样就可以了。在这种环境下,我们的孩子会不断地去探索、不断地获得成就感,慢慢就养成了主动学习的习惯,孩子就会觉得学习是有趣的,探索发现是快乐的。比如他养的小动物繁殖了,就在那一刻,他会获得极大的快感;如果他栽了一盆花,栽了几个月,突然开花了,他就会非常的高兴,这是对他劳动的一个回报。学习也是这样,他不断地学习、不断地获得,他有时就会学到老师都不曾传授的知识,就会学得更远、更宽泛,这样孩子就会获得极大的快感,把学业学得很好,毕业之后他们会开发项目、创立公司,给社会创造就业机会,这是最好的。因此我们必须从小就培养孩子自主学习的良好习惯。

三、培养兴趣

孩子做一件他喜欢的事情,就调动了大脑的积极性,大脑就处于探索新事物的状态,探索新事物的欲望随时间的推移,使大脑就形成了一个惯性——愿意独立学习、独立思考、独立创造。但是,现在广大的家长和老师都把孩子局限在课本上了,整天就是做语文、数学、英语,孩子一点儿业余活动的空间都没有。我们今天的孩子之所以厌学,这是一个必然。孩子的大脑就在这几本书上转,不能更加宽泛地看这个世界,不能宽泛地探索这个世界。长此以往,孩子探索的欲望就没有了,大脑探索事物的神经系统就萎缩了,接下来就是被动地接受传统教育了。我告诉家长:孩子的智力开发不光是课本,其他方面也是很重要的。

四、拒绝陪读

目前在这种应试教育下,作业是不可回避的,必须要做。做作业的时候,我们一定要让孩子自己去做,因为学习是孩子自己的事情,如果他白天要能注意力集中听课,他会自己把作业完成的,我们不应该死看死守让他做作业。对于一年级的孩子,我们要逐渐培养他独立做作业的能力。有一位网友跟我说:我孩子学习是第一,竞赛是第一。现在的问题是他不要让我操心,不要让我帮助他就最好了。实际上我们会发现,用死看死守的方式,也会有一些孩子学习得很好,暂时是很好的,但大多数孩子就不能持久,暂时很好的孩子到了初中就会厌学,这个已经被千千万万的家长所证实。因此,我们让孩子独立地完成作业,要从几个方面培养:第一、作业是他的职责,他就是要自己完成自己的事。第二,他自己完成作业是对他能力的一个培养,即独立能力。独立能力的培养就是他自主学习的能力,是自主学习能力的一部分。作业应该他自己完成,尽管现在的作业比较多,也要他自己完成。如果你的孩子已经三年级了,从一年级就陪,陪到三年级,那你就要想办法来逐渐地培养他独立做作业。如果孩子做作业一个半小时,你可以这一个月之内每天陪孩子一个小时,下个月就陪他半个小时,第三个月就让他独立地做作业,就这样慢慢放手、逐渐锻炼。但是,如果你抱着孩子不能放松、一放松成绩就会下降的心态,你就只能死看死守了,结果到了初中、高中就导致孩子厌学。在独立完成作业的情况下,我们就会发现两种孩子都能发展得很好:一种是原来死看死守学习就好的孩子,他会继续好;另一种死看死守、学习不好的孩子,当你解放他、放松他时,就使他自己慢慢地从价值观上、从做作业的能力上、速度上、态度上逐渐提高,这样孩子也能赶上去的。

五、杜绝厌学情绪

我们的孩子从幼儿园就被迫学习,小学是死看死守,中学是打着骂着,好多是这样成长起来的,百分之八九十的孩子厌学,厌学的孩子你再让他自主学习,这不是痴人梦语嘛?因此,我提出要消除孩子厌学情绪。消除孩子的厌学情绪是培养孩子自主学习能力的前提,老师和家长就要学习这些科普知识,使自己发生一个变化,再接下来就带领孩子发生变化,有厌学情绪的孩子就会逐渐消除厌学情绪。

Chapter 8
⟨ 第八章 ⟩

建立独立的家庭文化

当今中国的孩子大面积不喜欢学习、有厌学情绪,而且这种趋势越来越严重。随着互联网的发展,掉入网络陷阱的孩子越来越多。很多中小学生出现早恋现象,有的孩子辍学,有的孩子流落到社会,甚至徘徊在犯罪的边缘,等等。那么,这些严重的问题的根源在哪里呢?我们该怎样构建独立的家庭教育文化呢?

⊙ 独立的教育文化

一、孩子就近上学

我们的独生子女自诞生那日起,家长就决定无论如何都要让孩子受到良好的教育。这是由于我们的父辈和我们这一辈人没有受到多少良好的教育,现在生活条件好了,经济也宽裕了,而且家里也只有这么一个孩子,那么我们就一定要花巨大的努力,让孩子受到良好的教育。于是,家长就会对孩子入学进行择校,有的为了进一个好学校,要把孩子送到很远的地方去寄宿。事实上,这样的想法是不对的,我们的孩子就近上学才是最佳的选择。

(1)孩子很小,很多方面离不开父母的教导。如果孩子很小就离开母亲,他大脑会焦虑,焦虑情绪就会使他的大脑神经系统发育不健全。

(2)如果孩子去很远的地方上学,家长看不到孩子的成长,也检测不到孩子的问题。当你发现孩子的问题时,恐怕为时已晚。

(3)如果你的孩子就近上学,安全系数比较大。如果很远上学,孩子要坐车,要去寄宿,这些都是不安全的系数。

(4)孩子就近上学,家长和老师沟通就比较方便,孩子有什么情况,家长就能及时与学校沟通,这对孩子的教育是十分有利的。

现在在孩子择校这方面,我们中国简直是进入了一个疯狂的状态,一所好的学校就要涌进几千人,有的班级都要达到六七十人,这样好的学校,实际上并不一定能给孩子带来多少好处。我经常告诉大家,孩子要就近上学。因为孩子能不能有出息,不是取决于家长给他选的什么学校,更多的是取决于你家庭的教育,也就是取决于你家庭的教育文化、教育思想、教育理念,也取决于孩子是否努力。

现在,我们的经济是发展了,家里也有了很多存款,但是你再有钱,知识是买不来的,得靠孩子自己学进大脑里去,我们去择校是没有道理的。因此,就孩子择校这一方面,我们家长就要端正一个态度——孩子就近上学,不要去跟别人攀比,也不要去追逐那些广告所宣传的。在这里我告诉大家,北大的孩子、清华的孩子、各省的高考状元多数就是就近上学的。我们有理由得出结论:孩子的优秀取决于家庭教育文化,取决于教育的方式及其自身的努力,不取决于学校。

家长从孩子一上学就给他择校,实际就是我们家长在为他铺路,我们孩子的学业刚起步,我们就为他铺路做出种种努力,孩子考试的分数不够,你就想办法给补课、上课外学习班;孩子中考没考上重点,你就出钱给他买个重点;孩子考大学分数还差几分,你又去给他帮忙,为他找个好大学而四处奔波……一路走下来,你都是给他帮忙。这样的结果,实际上孩子他自己没有成长,由于家长过分地给孩子铺路,这样,孩子就一步一步地不思进取,最后学业无成,事业无成。

作为一种家庭文化,我们就要让孩子走自己的路,让他们自己选择道路去走,一旦他们遇到困难,也让他们自己爬起来再向前走,这样就能锻炼孩子,使孩子的意志坚强,使孩子能端正人生态度。我们让孩子就近上学,不仅仅是就近上学的问题,而是端正孩子的学业态度及人生态度,让孩子在人生的道路上越走越亮堂的一个问题。

二、孩子自己处理在学校发生的问题

孩子在小学阶段、初中阶段,乃至上高中都会发生一系列的问题。但是,我们家长对作为独苗的孩子处于一种呵护的状态,无论孩子发生什么问题都要去过问,去找学校,找老师,去跟进并给孩子摆平,这样的做法是错误的。

当一个孩子在学校遇到了问题,他回到家跟家长说的时候,作为家长就要告诉孩子:"孩子,你在学校碰到的问题是你的问题,要学会自己去处理,自己去解决。"就这样叮嘱孩子。那么,他在一次次发生的事情当中就会悟出人生的道理,他就慢慢学会坚强,学会解决问题。但是,我们很多家长不明白这个道理,不管孩子发生任何的事情,哪怕是选班干部这样的事情也去介入,这对孩子是非常不利的。

作为父母在养育一个独生子女时,你要呵护他,也要让他自己见风雨,这是家庭文化的一个标志。如果一个家庭的教育文化是良好的,那么孩子在学校发生的问题,我们家长不能干涉,而鼓励孩子自己去解决问题,这是一个长远之计。

三、孩子在课堂能学好文化课

孩子学习成绩的提高是要依赖学校的课堂学习,如果孩子在课堂上开足马力、注意力集中,每一节课的内容他当堂就学会,那么他回家做作业也会很快,这样就能腾出大量的时间去玩他想玩的,做他想做的。周六、周日也不必要去补课,这样他就可以去制作、去爬山、去阅读、去短途旅游,等等,这样下来,孩子的大脑神经系统就会越来越粗壮,这样的孩子在未来地学习中就有后劲。

现在有很多的家长在孩子学习不好时,就送他去参加补习班,或者给他请家教,或者给他加作业,这样下来就进入了一个恶性循环。为什么说恶性循环呢?因为孩子在课堂上能学会的东西,由于家长给他补课,给他请家教,就会使他在课堂上不能很好的学习,他大脑的潜意识里认为"如果我这堂课学不好,我还有补课"。这样,孩子学一堂课的知识,他就要花双倍的时间、双倍的脑力、双倍的体力去完成。这样,孩子的身体始终处于疲劳的状态,大脑始终不能汇聚最佳的脑能,孩子的学习就处于恶性循环之中。

同时,我们在饮食方面,在和孩子沟通方面进行一个优化,这样,孩子就基本上进入了良性的循环。如果我们秉持这样的一种家庭教育文化,我们的孩子就能教育成功。孔子有句话说"君子求助己,小人求诸人",就说明了这个道理。就是说,作为一个君子,作为一个好孩子,他就靠自己的力量完成他的学业;如果是小人,就要求助别人,要依赖别人才能去学习。我们要利用这样的家庭文化来教育孩子,相信我们的孩子就能发展好。

四、学习是孩子自己的职责

现在很多家长每天晚上都是陪着孩子学习,周六、周日跟着孩子参加学习班,从孩子上幼儿园开始到上小学,以至到中学还是这样跟着。家长的这种行为是非常错误的。

学习是孩子自己的事情,是他的职责,如果我们家长对孩子学习方面关心得太多,陪孩子太多,这样,孩子就把他的学习不当做是自己的事情了,而当做是家长的事情或者老师的事情。现在,大多数家庭都是这样培养孩子学习的,从而导致孩子没有责任心,没有责任感。

当父母和老师催促他学习的时候,他们表现的就是非常被动、非常无赖,并且没有羞耻感。所以,他们就不能很好地学习,最后我们家长会恨铁不成钢,也很无奈。实际上这个问题不能怪孩子,如果有好的家庭教育文化,一个家庭里每个人都是各司其职,家长有家长的职责,孩子有孩子的职责,大家都要去做自己的事情,并把自己的事情做好了。

这种家庭教育文化就显得比较协调、比较正确。如果父母自己的工作没有全力以赴,大部分都用在孩子身上,孩子又没有把学习当做是自己的事情,这就造成父母没有做好自己的工作,孩子又没有学习好,全耽误了。

我们正确的做法就是从小要培养孩子自己的事情自己做,要告诉孩子:学习是他自己的职责,是他自己的事情。这样,我们就调动了孩子的积极性,让他主动地学习,放学回来就自己主动完成作业。在做作业的时候,孩子会出现一些问题,我们家长就要用科学的方法来帮助孩子解决这些问题。同时,孩子的敬业精神从小就培养起来了。那么,这样的孩子到大学也不用操心。现在的大学里就有很多孩子不好好学习,在学校里混日子,一直混到毕业,拿了一个不值钱的毕业证,厚着脸回来了,回到家还找不到工作,这都是孩子从小没有把职责培养起来。所以说,孩子的责任感要从小培养。孩子的责任感能不能培养起来,就证明了我们的家庭文化是不是正确的,是不是良好的,是不是先进的。

五、建立学习型家庭

一个家庭的教育文化有没有他的独立性、先进性、可取性,取决于这个家庭是不是学习型家庭。如果父母不学习,眼睛盯住孩子,要孩子学习,这是不行的。孔子说"己所不欲,勿施于人"就说明了这个道理。还有,当孩子逐渐长大,如果我们家长不学习一些教育的科普知识,那么我们就不能很好地指导孩子。现在有很多初、高中的家长,对教育孩子就无所适从,因为他们是小学家长,也就是他的孩子在小学的时候,学习很优秀,没有碰到问题,一旦到了初中、高中了,由于父母的教育思想、教育方法还停留在小学阶段,这样家长就会无所适从,他不知道孩子发生这些事情该怎么处理,所以建立学习型家庭非常重要。

如果我们的家庭经济情况不好,父母就要积极地学习知识,积极地学习自己的业务,学习教育孩子的方法,如果我们家长秉持了这种学习态度,我们的家庭和孩子以后就会"贫因书而富"。如果我们的家庭已经很富有了,就要优化家庭文化的氛围,提高家长的个人素质,如果不提高,你再富有也不是那种高贵的人,你要想做高贵的人,就必须读书,这就是"富因书而贵"。我们就要非常明确,作为一种家庭先进的教育文化,全家人的学习是非常重要的,它关系到这个家庭的走向,也关系到我们孩子未来的发展。所以,我们在这里建议大家把自己的家庭都建立成学习型的家庭。

⊙ 保持良好的生活习惯

现在我们国家的经济飞速发展,很多家庭的经济状况也大大好转。大多数孩子不会因为没有钱而上不起学,不会因为没有钱而买不起文化用品。在经济生活方面,我们家庭的教育文化应该秉持什么样态度。

一、帮助孩子养成勤俭节约的好习惯

现在,很多孩子手里有了零花钱,有的还特别多,这样就导致孩子很难养成勤俭节约的好习惯,这对孩子的影响是非常严重的。

(1)孩子手里有钱,就会去买各种各样的东西,特别是吃的。孩子下课或者放学后就会去学校周边的小店去买零食吃,而学校周围那些小店,它进货的渠道非常复杂,有很多是廉价的商品,很多食品是不具营养的,而且还容易像三鹿奶粉一样有毒,如果孩子大量地把钱花在各种各样的小吃上,孩子吃了之后,就容易中毒,有些毒素不会一下子使孩子发病,但这些毒素会在他身体里一点点地累积,达到一定的程度时就会使孩子发病,有时孩子得一些奇怪的病,家长都弄不清楚是怎么来的。因此,从这一点上来讲,我们不能给孩子很多的零花钱。

(2)一个孩子,他的注意力是有限的,如果孩子每天都动脑筋来想怎样花钱,那么他的注意力就用在消费上了。他每天都思考今天要买什么,把这个东西买来之后送给谁,等等,这样,他的注意力分散了,就不能好好用在学习上。让孩子养成勤俭节约的好习惯,实际上有一个更深远的意义。一个勤俭节约的孩子,他就会节省出大量的时间,用于他的学业,同时,由于他勤俭节约,他的注意力比较集中,他就能把精力集中在学业上,这是十分重要的。

(3)现在我们中国很多有钱的人,把孩子送到国外,在国外穿那种高档的名牌服装,外国人看了之后,都非常耻笑,就觉得中国人的素质比较低。在西方发达国家,青少年都不穿名牌的,但是很多中国的孩子到外边都高消费,一点都不懂得父母挣钱的辛苦,还觉得花父母的钱是应该的,这就造成了当今那么多的啃老族。

(4)有一个高中生,他过生日那天,跟他妈妈要1000块钱过生日,并说,如果不给的话,他那根黑管也就不吹了。大家想想,作为一个高中生说出这样的话,他还有没有羞耻感。如果这个孩子从小就有一个勤俭节约的好习惯,怎么能会出现这样的事情呢?

因此,我在这里呼吁大家,不管我们多富有,我们一定要教育孩子要勤俭节约。

二、帮助孩子树立正确的金钱观

现在我们国家的经济发展是飞速的,但是贫富是不均的,贫困的家庭还很多,有的孩子上不起大学,有的孩子却挥金如土,因此,我们对孩子进行金钱观的教育是非常重要的。

身边有个大学生,刚入学不久,就给家长写了一封信,信上是这样说的:快给我邮600块钱来。一页纸就是这样一句话。这个孩子的家庭很贫困,他上大学的钱都是父母借的,但是这个孩子到了大学以后,发现有些同学挥金如土,就产生了一种羡慕的心理或者是嫉妒的心理,于是他在内心就抱怨自己的父母是多么穷,接着他就写了那样一封叫父母非常伤心的信。这样的孩子心理是不健康的,即使他大学毕业后走到社会上,也不能为人类做出什么贡献。他的金钱观是错误的。

我们要告诉孩子,好好学习,把学业搞上去,用自己的知识去创造财富,来摆脱家族的贫困,这样才是一个立志的方向。但是我们家长没有这样做,现在大学里有一些贫困的孩子,走路的时候头都抬不起来,这是因为他觉得贫困是可耻的,贫困让他感到自卑,这种心理是非常不健康的。这样的孩子就没有一个正确的金钱观,等他毕业之后,大脑开足马力向这个社会索取金钱,他会不择手段去获取,并还有可能为了获得金钱进行违法犯罪。

还有一种就是家庭条件非常好,很多孩子在大学里所穿的、所用的都是高档的东西,在学校里拉帮结派,男男女女一群一群的就这样混下去。这些孩子基本上是当初没有很好地学习,都是家长花钱给他们买去学校的。我们说一个家庭富有总比贫困好,但如果这种富有没有帮助孩子建立正确的金钱观,没有帮助孩子建立起一个很好的人生态度,这样的孩子也不会有什么大成就。

因此,我们要从小培养孩子正确的金钱观。《论语》上有句话说"贫而无谄,富而无骄"就是一种正确的金钱观。所说"贫而无谄"就是说我们虽然贫困,但是,我不去羡慕那些富人,不去巴结富人;那么"富而无骄"就是我们虽然富有,但我们不以富有而自豪、骄傲,我们虽然富有,但是我们的生活方式还是要节俭的,而不是糜烂的。所以,我在这里把孔子这句"贫而无谄,富而无骄"的话奉献给大家。这句话对于教育孩子是非常重要的。

三、帮助孩子树立正确的消费观

现在的孩子由于家庭比较富有,手里或多或少都有了零花钱。有了零花钱,孩子就会去消费,那么孩子究竟用钱去买些什么,这是非常重要的。因此,我们就要帮助孩子树立一个正确的消费观。

首先,我们要教育孩子有正确的饮食观。我们知道三鹿奶粉出现了问题,事实上,现在很多食品都是有问题的。虽然摆在大商场上的食品有主管部门检验,但在街头巷尾的小摊档上的食品就很难有政府部门去一一检测。如果我们的孩子在吃的这方面上不以家庭吃饭为主,经常买一些摊档上的小吃,就很容易使我们的孩子会受到危害。我们要教育孩子对所吃的食品应该是有一个正确的选择。

据我所知,有很多富有的家庭,孩子早晨起来都喝牛奶,认为牛奶有营养,并含有丰富的钙。实际这就是一个饮食的误区:牛奶是牛喝的,牛喝了会增加钙质,但是,人喝了,人体对牛奶中的钙质不易吸收。

我们家庭再富有也应该吃自然食物,作为爸爸妈妈要主动去采购新鲜的蔬菜来给孩子做饭,这样才是正确的。如果买很多工业加工的食品,用现在流行话说就是垃圾食品,用垃圾食品来给孩子吃,这就影响了我们孩子的消费观,在思想上就影响了他,他会认为买来的食物简单方便,不用自己动手去做,但更严重的影响就是这些垃圾食品对孩子的健康是极为不利的。

我们如果想花钱,在孩子的学习方面多花钱是可以的。比如给孩子买各种各样有益的书,特别是小学生需要看那种图画书,有彩图的书。这类书一般都很贵,孩子拿到手很快就能看完,然后还得去买,那么我们很多家长是舍不得钱去买这种书,这种书文字少,孩子看得快,如果一天去买一本就是一大笔开支。但是,家长要这样想,孩子在童年吸取这样的知识是非常重要的,只要家庭经济能承受得起,再贵也要给他买,应该抱着这种态度才对。

我曾经看到过一个很贫困的家庭,爸爸是工伤残疾人,妈妈没有工作,他家养育了两个孩子,大孩子现在已经在北京读那种"本硕连读"七年制的学校,他的小孩子今年也考上了一个很好的大学。我去到他家里发现书架上都是非常好的书,当时我就觉得这个家庭虽然是一贫如洗,但是孩子书架上有那么好的书,这个家庭实际就是富有的。所以,家长就要问问自己,我们家庭非常富有了,但是我们孩子书架上有没有好书,这是我们要思考的。

我们教育孩子的消费观应该是朴素的、节俭的,这样我们才能培养出好孩子。

⊙ 告别不正确的心理问题

一、家庭告别虚荣

在竞争激烈的社会里,我们的家长容易虚荣,还会导致孩子的虚荣。比方说孩子学习的成绩,他排在第一名和排在第十五名实际上没有什么根本的区别，只是一个孩子的分数排名，它不会决定孩子的一生，但是有些家长出于虚荣心理，非得让孩子考前三名。为了让孩子考前三名，家长就对孩子加作业，就逼着他多学习，还要送他去课外学习班或者请家教，把孩子搞得非常疲劳。

有的时候我们家长还要逼着他去参加各种各样的竞赛，当孩子得了奖的时候，家长就感觉到非常荣耀，会到处跟人讲，认为孩子为他争了光，他就有了炫耀的资本。那么竞赛失败了之后，家长就会抱怨孩子；如果孩子考试成绩下跌了，家长就会觉得比股市暴跌还要难过。

其实家长跟风，是家长太虚荣，特别是在孩子教育方面，很多家长都是虚荣心在作怪。比方说，有的时候，家长把孩子送到贵族学校或者送到寄宿学校，家长实际对贵族学校、寄宿学校都知之甚少，结果钱花了不少孩子并没有学习好；有的时候，家长鼓励孩子去当班长，当不了班长又去行贿老师，为了让孩子在学校得到老师的关注，有的家长也会去行贿老师；还有在考试的时候，有些家长会帮助孩子弄虚作假，考出好成绩，这种种都是非常虚荣的，这对孩子的教育非常不利。

我们要想创建独立的家庭教育文化，就应该告别虚荣，如果父母不虚荣，我们的孩子也不会去虚荣；如果我们父母虚荣，那么我们的孩子就更加虚荣。有很多孩子在虚荣心的驱使下，把注意力不用在学习上，用在自己的打扮上，用在自己的穿着上，用在自己的某个感兴趣的电器产品上，这样来引起别人的注意。我们家庭应该戒除虚荣，因为虚荣是对你没有好处的，别人不看你的虚荣，他们更多关注的是他自己的事情。因此，我们得出一个结论就是家庭要告别虚荣，我们家长要彻底地和虚荣再见，这样对孩子的发展是非常有好处的。

二、帮助孩子戒除炫耀

很多孩子都有炫耀心理,父母的地位他要炫耀;有的孩子父母没地位,他就去捏造事实,说自己的父亲是公安局局长;有的小朋友买了一个好东西,要拿到学校去炫耀;有的孩子成绩好就飘飘然,有的孩子竞赛获了奖,也在同学面前炫耀,家长也会去炫耀。

孩子这种炫耀的心理,对家庭教育文化的建设是非常不利的。一个孩子如果总是炫耀自己,那么他就像踩在棉花上了,他总也不能脚踏实地地去生活、去学习,这样的孩子在学业上很难有进展的。因此,我在这里提出来,要帮助孩子戒除炫耀,同时,我们还要根除案例派教育家的一个观点,案例派教育家们鼓动孩子说,孩子要张扬自己,要展示自己。实际上,在这里边我要告诉大家,我们的孩子他有多少知识,是他自己学习来的,他在学习这些知识中能获得快乐就足以。他不需要展示,也不需要张扬。同时,我要在这里告诫大家,张扬会使孩子失去羞耻感。现在过早地让孩子进行张扬自己,展示自己,这样的孩子会出现心理问题,他不能被这个社会所接受。因为一个过分张扬的孩子,班里的同学是不喜欢的,这样,他就很孤独,容易引起心理疾病,因此我们一定要教育孩子不要张扬,戒除炫耀。

三、帮助孩子消除攀比心理

帮助孩子消除攀比心理上,实际我们的家庭就首先应该消除攀比心理。攀比心理是我们中国家庭的一个特点,比如,朋友的孩子去学钢琴了,你也送孩子去学钢琴,等等,就是这样的攀比。家长的这种攀比就会给孩子也形成一种攀比心理,比方说一个孩子,他看见别的孩子穿了名牌,他就回家跟家长也要穿名牌。所说攀比,实际上都是一些虚幻的东西,和学习都没有联系的。这样的孩子从来不说：人家张红考第一，我也要考第一。所以说，如果要没有一个正确的家庭教育文化，孩子会出现很多问题的，就攀比这一项，就给我们家长带来很大的麻烦。

很多孩子不断地从外界获得信息，回来就跟家长汇报，接着就要家长来满足他那些东西，而他要的这些东西跟学习没有关系，跟身体锻炼没有关系，跟他的思想进步也没有关系，所以说孩子的这个攀比心理是让家长非常头痛的。因此，我们在这里就想告诉大家，家长首先消除自己的攀比心理，接着就要告诉孩子不要攀比，别人有的我们不一定也要去有，别人没有的我们也可以有，就是要有这样一种独立的家庭文化才行。

四、告诫孩子有错不要怕批评

实际上在批评孩子这个事情上，很多家长不懂，当一个孩子犯错误了，如果他不能得到及时的、彻底的批评，那么他就会觉得他犯的错误是有原因的、有借口的、有道理的。如果要是批评孩子就觉得伤害孩子，对不起孩子，而不敢去批评孩子，这样一来，就会导致无数的家庭培养出无数的无赖孩子、非理性的孩子，那么当这些孩子到了高中还拿不是当理说，是多么令人痛心的事。

如果孩子犯错误了，他必须自己先批评自己，然后让老师批评，还要让家长批评，就要这样彻底批评。如果不这样做，他永远不会成长，永远不会痛改前非。有很多家长经常跟我讲，说他家孩子犯了错，一次次地向父母流泪，一次次地表决心后，还是会一次次地犯错误。事实上，如果孩子在第一次犯错误的时候，就进行严厉的批评，让他得到极端的痛苦，那么他还会犯错误吗？不会的。也就是说，孩子一次一次地犯错误，他一次一次找借口，我们家长一次次地去袒护，去原谅，那么这样的孩子，就会没完没了地犯错误。

比如，前两天有个家长告诉我，说孩子上初二了，现在就不上学了,原因是数学老师批评他了。大家看看,数学老师批评他,他就不上学了,这是什么逻辑?这是我们孩子的大脑没有一个是非观念,他对对与错,美与丑,分不清了,然后就变得非常无耻。

那么我们科学教育法就提出,孩子有错误就不要怕批评。我们要记住孔子那句话"过则无惮改",意思就是说人有过错,就不要怕改正,也不要怕别人批评,这样才对的。我最后再补充一点,如果孩子经常犯错误,经常得不到批评,最后他会很严重地患心理疾病。

五、孩子自信靠实力

我们现在很多所谓研究教育的教育家们说,孩子主要是自信,孩子一自信,他就变好了,似乎只要孩子一举手喊个口号:"我是最棒的!"孩子就自信了。有一次,一个家长告诉我,他的朋友就是学这些东西,然后他的孩子早晨起床后,就让孩子喊三遍"我是最棒的",结果孩子不喜欢学习,也没自信起来。然后我就告诉这个家长,我说你去告诉你那个朋友,你让他的孩子一天喊三遍"我是最无耻的",这个比喊"我是最棒的"要有价值。原因在哪里呢?孩子的自信是靠实力,孩子要想获得自信,不是喊几个空的口号就自信了,而是要扎扎实实地听好课,把课程知识学好,才能获得自信。

如果孩子没有良好的学习态度,也没有良好的学习欲望,更没有良好的学习状态,那他就学不到知识,一个学不到知识的人,怎么能自信呢?我们有句古语说"艺高人胆大"。即人是靠实力而获得自信。我们的孩子今天要培养他自信,我们就要教给他一些实在的东西,就是他必须把文化课学好,把自己的事情做好,这样才能获得自信。但很多家长没有这样去教育孩子。

记得当年我们学校一位老师的儿子,上六年级时,他说:"我长大了要当总理。"他妈妈知道了,非常高兴,并把儿子的话在外边宣传,其他老师听了都很正规地说:"你看这孩子多有志向,长大了当总理。"但我就觉得孩子不能这样教育。"当总理"不是你说当就能当的,是要靠日积月累地学习,不断地努力,才有可能当总理的。这样的孩子难道就靠喊当总理就当总理了?二三十年过去了,这个孩子在人群当中非常平庸。

所以,我们教育孩子不能喊空口号。要想获得自信,就得好好学习,迎头赶上去把知识学到手,然后才有自信。

⊙ 培养正确的价值观

一、学会宽容

在科学学习夏令营的时候,我们发现很多参加夏令营的孩子在宽容方面都有问题,这个使我很伤脑筋。他们不能容忍别人对他们的一些摩擦,磕磕碰碰。实际上,一个孩子不宽容,和他的大脑焦虑情绪有关系,由于当今的青少年,学校给他压力,家庭给他压力,这样使孩子比较焦虑,焦虑的孩子宽容心就差。但是,尽管是这样,我们还是要教孩子学会宽容。

在当今的这个社会,经济高速发展,人的生活节奏加快,各种竞争压力加大,人就容易产生焦虑情绪,随时随地都可能和其他人发生矛盾。那么,在这种情况下,如果一个人不宽容、斤斤计较,那他整天就会有纠纷,这些纠纷会没完没了的,这就会影响他的生活、工作,也会影响他的心身发展。

要想让孩子好好学习、天天向上,你首先要做的就是让孩子学会宽容。因为一个孩子在班里的每时每刻都有可能碰到问题，这些问题会干扰他的注意力，因为他不懂得宽容，他会想怎样去报复跟他有摩擦的孩子，注意力不集中，他就无法学习好。所以，从各方面来讲，我们每个人都要学会宽容。在《论语》里，曾子对孔子的评价是"夫子之道，忠恕而已矣"，孔子的核心思想是"忠恕"两字，忠是忠诚，恕是宽恕。实际上，我们现在学习孔子的学说，就是告诉人们要有一种包容性，对社会的包容性，对文化的包容性，这样才是对的。全世界都应该这样做，我们应该要教会孩子学会宽容。

二、谦虚谨慎

谦虚谨慎是我们中华民族的优秀的文化传统，谦虚谨慎是做人的一个尺度，如果一个人不能谦虚谨慎，他一生都会事业无成；如果一个孩子不谦虚谨慎，那他就无法学习好，他的学业也不会有什么成效。谦虚就是向别人学习，知道自己的不足，并征求别人对自己的意见，然后进行改变；谨慎就是做事要认真、仔细，避免犯一些不必要的错误。这是我们每个人都要学的，孩子也这样。

有的人说，如果这样的话，孩子是不是就会受到束缚？如果孩子不受到束缚，他们就会没有羞耻感。现在的孩子已经普遍没有羞耻感，如果我们从小就告诉孩子要谦虚谨慎，要向别人学习，要时时刻刻看到自己的不足，我们的孩子还能丢掉羞耻感吗？不可能的。

所以，从今天起我们就要学会谦虚谨慎这种文化。凡是读过史书的人都知道那些古代的大名人、古代的圣贤们，他们都很谦虚谨慎，最后成就了自己的伟业。

三、尊重老师

老师作为人类灵魂的工程师，我们每一个人都必须尊重老师。现在有很多孩子就不尊重老师。比如,有的孩子,老师批评他了,他不接受,还找借口说老师批评得不对,于是就回到家里不上学了。这种情况在中学也非常多。我想,如果一个孩子从小就尊重老师,他怎么能会发生这样的事情呢?那么老师应不应该尊重?也许有人会说,有的老师敲诈勒索家长,粗暴辱骂孩子,不应该尊重。实际上,我们在这里说的老师,是一个概念性的老师。我们尊重老师也是尊重我们自己,我们尊重老师并不等于我们认同老师所有的一切。在老师队伍里面肯定也有不好的人,说尊重老师不是说我们要向那个不好的老师靠拢,尊重老师是表明我们的一种人生态度。

如果一个孩子不尊重老师,在老师面前唱反调,这可就糟了,很多老师在一起的时候就会议论你的孩子,觉得你这样的孩子,就是很麻烦的孩子,大家都会避开。有一句话叫做"尊其师而信其道",如果你的孩子能尊重老师,那么他就愿意去学习老师教的知识,就能很好地学会老师教给的知识;如果你的孩子不尊重老师,甚至还去谩骂老师,那么你的孩子就学不好那个老师教的学科。很多家长都说,孩子不喜欢哪个老师,然后那老师教的课就学不好,孩子都不愿意去听。所以,从这个理论上来讲,我们也应该尊重老师,我们的家庭应该有这种文化。

我在这里再告诉大家,我说尊重老师,并不是说让你去行贿老师。我们很多家长的出发点就不对,为了让老师多关照自己的孩子就去行贿老师。我遇到一个家长,这个家长很有钱,孩子所有的老师他都去行贿,当孩子到三年级的时候,他什么坏事都学会了。这是因为,如果老师接受了你的行贿,那么老师有的时候也会对你有礼相送,他会在你孩子犯错误时给他袒护,考试时,孩子不会做的题允许他作弊。生活中确实是有这种情况。实际上,你如果用行贿的方式去尊重老师,这不是尊重老师,应该说是非常不尊重老师。我们说尊重老师是一种心理层面上的事情,一种心意。你有这种尊重老师的心意,那么老师就会看重你的孩子。

四、孝敬父母

孝敬父母自古以来都是天经地义的事。但因为现在的教育出了错误,不孝敬父母的大有人在,我们孩子不感恩父母的也比比皆是。我们从小就要教育孩子孝敬父母。要想让孩子能孝敬父母,最好的方法就是"身教重于言教"。我国古代的大教育家孔子说:"欲教子先正其身。"就是说,我们家长首先你要孝敬你的父母,孩子就会学你的样也会孝敬你;如果你都不孝敬你的父母,就要求孩子来孝敬你,可能吗?孩子都是模仿家长行为的,所以我们家长要带头做好榜样,这个我就不多讲了。

五、维护社会公德

社会公德的意思就是我们社会有一个共同的价值取向和主流的认同。汶川地震、玉树地震的时候,我们很多孩子都把自己的零花钱拿出来捐款,这种一方有难、八方支援就是公德;我们爱护动物,也是一种公德;我们到旅游区,爱护旅游景点,这也是公德;还有我们进行环保、进行公益活动、给予弱者进行救助,等等,这些都是属于公德。这个公德就是社会所赞同的一种主流的、先进的行为。我们必须教育孩子维护社会公德。如果你的孩子不讲卫生、到处乱扔垃圾、买东西不排队、在公共场合大声喧哗等,这就没有遵守社会公德,这样的孩子以后长大就不能约束自己,这样他就不会被社会所认同,一个社会不认同的孩子,他就无法很好地生存,还会处处碰壁。

⊙ 必要的严格不可缺少

一、家长角色不能变

家长要有家长的角色,你是监护人,你不能变更这个角色,你和孩子教育者和受教育者的关系。我们和孩子交朋友只是说明我们和孩子有平等沟通的机会;有平等讨论的机会。这不等于我们家长和孩子就是朋友关系,不等于家长对他没有受教育的任务了。现在很多家长在孩子到初中、高中没法和孩子说话,没法和孩子交流,说什么孩子都反对,这就是我们从小和孩子交朋友造成的。家长就是家长,家长的角色就是教育者,孩子就是受教育者,孩子必须接受家长的教育。当然,家长作为教育者,要想更好地教育孩子,不仅要提高和完善自身,以优良素质和道德修养对子女产生潜移默化的教育效果,还要学习很多教育的科普知识。你不能用错误的思想、错误的理念、错误的方式去教育孩子,这样只能教育出一个问题孩子。

二、孩子犯离谱错误要及时惩戒

孩子一旦犯了离谱的错误,家长不但要惩戒,而且要及时惩戒。让孩子知道什么是对的,什么是错的,什么东西他是不可以越界的。事实上,你如果访问监狱里的死刑犯,你就会发现,大多数都是小错误一次一次逃过,以至越犯越大,最后导致触犯法律不可饶恕的罪刑。孩子幼年的时候,如果家长没有及时对他的错误进行惩戒,长大了之后就为所欲为,最后的结果是非常惨痛的。

三、孩子自己的事情自己做

孩子自己的事情自己做,这是我们家庭教育的一个基本准则。我们要想建立一种独立的家庭教育文化,我们的孩子就应该劳动,在孩子力所能及的时候,就应该教他如何做好自己的事。

著名教育家陈鹤琴先生就曾提出"凡是儿童自己能做的,应当让他自己做"的教育原则。我们现在很多的家长对应该孩子做的事情都给包办代替了,当孩子长大的时候,发现孩子十分懒惰,就抱怨孩子怎么这么懒。家长没有想到是小时候过度保护而造成的,孩子从小就被家长剥夺了他劳动的欲望。

实际上,孩子都有自己动手的欲望和能力,只要家长适当地引导孩子去做,孩子就能做好。家长还要有意识地提供机会让孩子自己做事。在家里要给孩子写一个条幅"自己的事情自己做,学习是我的职责",把这句话作为家庭里的一个新格言,家长就要从小给孩子灌输这样一种理念。这个理念灌输好了,孩子就能去做好自己的事情,在他的学业路上,也会不断地前进。

Chapter 9
〈 第九章 〉

这十种不良习惯咱娃有没有

现在独生子女居多，是家庭的"中心"，在父母心目中都是"小皇帝"。在各种宠爱声中，儿童不知不觉形成了各种不良习惯，这全是父母造成的，而我们的父母却不明白这些问题是哪来的，成天喊头疼却也没有任何办法。

⊙ 小小年纪爱耍脾气

很多独生子女由于从小娇生惯养,就形成了一个不好的性格,会动不动发脾气,发起脾气时摔东西、在地上打滚,还会把这种爱发脾气的情绪蔓延到学习上,这样学习也会受到影响,人格发展就更不用说了。面对这样的孩子大多数家长除了抱怨,没有任何办法。

第一,我们要弄清这个问题的根源。一般来说,孩子很小的时候一哭闹,作为监护人的妈妈,心疼孩子又怕影响别人,于是就哄着他,贿赂他。今天贿赂,明天贿赂,就这样一点一点使孩子掌握了一个撒手锏,只要自己一哭闹,家长就会立即满足他。时间一长,就形成了爱发脾气的不良习惯。

第二,改变习惯。比方说你的孩子今天大发雷霆,是因为没有给他买玩具,然后就在地上打滚,不吃饭等。我们现在已经知道了孩子用得是他的一个撒手锏,是他要挟家长的工具。知道这个缘由之后,我的方法就是"不理他"。所说"不理他"就是让他在一边发脾气一边闹,作为家长该做什么就去做什么,假装他没有发脾气一样。我敢保证,他在一个小时之内就会恢复。因为,一个孩子发脾气不能发几个小时的,这是儿童的一个特点。他闹完了之后就会觉得没意思了,接着他就不发脾气了。缘由是这样的,今天他发脾气了,但是他没有得到快乐,也就是作为家长你没有哄他,没有贿赂他,没有给他达到他的期许,反而获得了一个痛苦,没有面子。

第三，讲道理。到了晚上，孩子似睡非睡的时候，你坐到他的床边给他讲：你发脾气是不对的，如果你有什么要求可以跟家长好好说，家长能满足你的就满足你，满足不了你的，你发脾气也没有用，作为孩子以后要注意，不要发脾气。晚上就这样叮咛他一番。

第四，坚持用。过了三四天他因为一个事又发脾气了，我们家长还是用这样的方法，就是不理不睬，家长该做什么就做什么，他发脾气没有意思了，就会停止。到晚上还要对他进行强化：发脾气的孩子不是好孩子。我们要强调这个。可能过了一周他又发脾气了，那么我们还是用这种方法。一般来讲，爱发脾气的孩子如果五次这样处理之后，孩子就不会发脾气了。

孩子不发脾气，我们一个是要预防，同时要告诉孩子解决问题的方法，告诉他：作为一个孩子，你可以提出你的要求，你可以提出你的诉求，提出你的希望，你希望家长给你做什么，你用语言表达出来或者用文字写出来，我们家长根据实际情况可以满足他，可以拒绝他。以前，我在一个讲座里说过一个三三四制，就是孩子提出十个问题，家长要三次否决，三次同意，四次要商量，要用民主讨论来解决。用这个方法就会使孩子很理智，幼小儿童爱发脾气这个不良习惯纠正起来是很容易的。

⊙ 攻击别人要付出代价

儿童爱攻击人，比如爱打别的小朋友，或者是爱骂别的小朋友，或者是喜欢说别人坏话，我们把这些行为叫做攻击行为。那么,面对一个爱攻击人的幼小的儿童该怎么办呢?

当孩子第一次骂别人,第一次打别人,家长要立即对他进行惩罚而且是严厉的。一个孩子原来不会骂人,今天他和小朋友在一起玩,第一次打了别的小朋友,那么家长就要立即对他进行惩罚,让他知道打别的小朋友,他要付出痛苦,这样他就产生记忆:打人他就会获得痛苦。以后他就不敢再打了。

我们在现实社会当中会发现有个别的儿童就是经常打别的孩子,而且是动不动就打,就像是那种没人性的孩子。我们想想:这样小的一个孩子,他怎么就能打人呢? 要说他思想品质不好吗? 是不能这样说的,因为"人之初,性本善"。实际上,这样的孩子是在他第一次打人的时候,他没有得到及时的惩罚,于是他就打习惯了,觉得打别人很开心,把别人打哭就是战胜了别人,就获得了这种打别人的快乐,长此以往问题就严重了。因此,在孩子第一次攻击别人的行为时,你用那种方法。

有的孩子已经形成了经常打别人、骂别人的习惯,又怎么来纠正呢? 这个问题改变起来是很难的,可以尝试这种方法。平时,家长要让他知道打别的小朋友,家长要惩罚他,要他知道打别人他要遭到非常大的痛苦。当然,我们对这样的幼小的儿童,不能天天打他或者惩罚他。家长在惩罚他之后还要跟他谈心,问他:"妈妈打你了,疼不疼?""疼。""那么你打别人,别人疼不疼?"孩子会说"也疼"。"那么你还要不要打别人?"你的孩子会说:"以后不要打。"当然,他说不打不等于以后真的不打了,说归说,在他的情绪来了之后他还会打别人,因为他已经有打别人的习惯了。在这种情况下,我们就要不时叮嘱孩子,比方说,早晨把孩子送到幼儿园(或者上一年级了),你在让他进校门之前要告诉他:"今天你不能打别的小朋友,中午回来的时候我会问你,如果你要是打了别的小朋友,你还记得那次吗? 你挨打了嘛。你要再打小朋友就得像上次一样,还会被妈妈打的,你就会很痛苦,打别的孩子是不好的,不能打别的孩子。"孩子会说:"妈妈你放心,我不会打。"中午回来后,你问问他:"怎么样?有没有打人?"如果他说"没有打",那你就要给他强化:"你真是妈妈的好儿子,以后都不要打别的小朋友了。"那么,在第二天你也是这样的强化,就是不断的强化。但是,这样的孩子,有的时候他这种不良习惯还会出现的。比方说,一周以后他又打了一次,这样可能你就要对他惩罚,同时要多给他强化"不能打人,打人后他会获得痛苦"这个是非常重要的。

如果孩子天天打人,一周打七次,你能不能每次都惩罚他,肯定不能,这样就失效了。最后再告诉大家一个方法:给这样的孩子养一个小动物,这对他可能是有一个好的作用。养小动物,让他珍惜这个小动物,他用珍惜小动物的方法,好珍惜别的小朋友。这是因为当他竭尽全力让这个小动物成长(比方说小乌龟,小猫咪)时,他会爱护它,会献出他的爱心,懂得怎样去爱。同时,他会潜移默化用这种行为泛化到其他同学身上,接着他也会爱护其他同学,这个方法也是很关键的。大家可以根据自己家庭的实际情况,根据自己孩子的喜好,看你的孩子能接受哪种动物,就给他养那种动物,这对孩子是很有好处的。

⊙ 动不动就流泪

我们很多小朋友比较爱哭,特别是女孩,动不动就流泪。孩子哭是天生的,孩子一生下来就会哭,因为他有诉求,他用"哭"这种方式来提出诉求。家长一般看到孩子哭了就会把他抱在怀里，给他擦泪，安慰他不要哭，并满足他的需求。于是，孩子就得到了"哭"的快乐。

这样的孩子以后长大了，到二、三、四年级的时候，在班里也会动不动就哭，然后跟老师说话，说一件事没说完就哭，回到家里在家长面前也会哭。孩子动不动就哭会耽误了很多事，令家长非常讨厌，怎样纠正孩子爱哭的毛病呢？我们对这个问题就按照"爱发脾气的纠正方法"来纠正他哭的问题就行了。

这个方法就是在孩子哭的时候，家长不要去理他，他哭就想获得爱，获得别人的关注，获得别人的安慰，那么我们今天就不安慰他，不理他，家长该做什么做什么。孩子哭一会觉得没趣，就终止了。我们要采取这种"无为而治"的方法，让孩子自己终止哭。到了晚上家长还要跟他沟通：动不动哭，妈妈不喜欢，有问题可以跟妈妈说，妈妈同意了那你就做，不同意就不能做，哭也没有用。再接下来的日子也要用几次这样的较量，大约有五六次之后，孩子就不再用哭的方式提出诉求了，孩子也就慢慢地长大了，就改变了。

⊙ 爱买零食有害健康

我们有一个发现：孩子学习有了问题，家长来咨询，我们一问孩子的饮食习惯时，基本都是反映孩子偏食、厌食，不能好好吃饭；当我们再问到医院检查过没有，有的家长说以前检查过，是身体含铅量高。家长们有所不知,假如 10 个孩子含铅量高,其中有 9 个是经常吃零食造成的。

家长不知道这个零食,是损坏儿童身体健康、损坏儿童智力发展的罪魁祸首。我们想象一下,就儿童食品来讲就有上万种,你说,国家哪有那么大的精力对上万种的食品进行检验呢?这是不可能的。因此,我们的孩子很容易吃到有毒的东西,长期吃就会使孩子身体重金属含量高(比方说含铅量高),这对孩子是非常有害的。因此,我们家长虽然条件好了,但是我们还是要给孩子吃那种大众的饭菜,这对孩子的健康是非常有好处的。

但很多零食都是为了迎合孩子的胃口,添加了那些刺激胃口的添加剂,使孩子很喜欢吃,孩子会闹着要家长买,那么,怎样纠正孩子吃零食的不良习惯呢?家长要给孩子讲那些小零食是怎么生产出来的,吃了会给身体带来怎样的危害。比如"学校周边的小店里卖的食品,大多是一些小作坊生产出来的,可能很不干净。他们把各种各样的食品拿出来晒,晒的时候很多苍蝇、蚊子都叮在那些食品上,一群一群的,晒好了之后,装上一个精美的包装,有的食品里边还放了玩具,专门吸引小孩子,这样,花钱买了不卫生的食品,孩子就吃了,还会生病"。如果你能把这样的事情讲给孩子听,再把电视上曝光了的黑心加工厂的新闻事件给孩子看,让孩子明白了这个缘由,他就不再买零食了。

同时,我们还要告诉孩子吃零食是不好的习惯。家长平时不要给孩子零花钱。一个幼小的儿童,都是家长解决他的衣食住行,给了他零花钱,他就会乱花,注意力就在钱上,由此会带来很多问题。这就是我提供给家长的儿童爱买零食的纠正方法,希望对大家有帮助。

⊙ 不买玩具就难受

今天妈妈给他买了玩具,明天他还想买,后天他看到其他小朋友有了新玩具他也要买,就这样不停地买玩具,这就使家长感到很头疼。孩子为什么爱买玩具?

因为孩子爱玩具,不停地买玩具就像购物癖一样,不买玩具他就觉得难受。研究发现这样的孩子,大多数是由老人带大,即有代养史的孩子。如孩子很小的时候父母出去打工,然后把孩子留给老人,这样的孩子就会母爱不足,母爱不足他就想用买玩具的方式来弥补这种母爱不足,而老人一般都比较溺爱孩子,会尽量满足孩子的物质欲,这样就养成了孩子爱买玩具的不良习惯。了解孩子爱买玩具的原因之后家长要做两件事。

第一件事就是密切亲子关系。孩子现在是你自己带了,那么,你就要经常跟孩子沟通,经常拥抱他,经常领他玩,和他一起做游戏,这样他就会感觉到你非常爱他,他也能体会你这种亲情,作为家长你就要这样去做。这是因为以前你不常在家,孩子和你分离时间长,这样母子亲情不是很融洽,而是很陌生的,你就要抱着一种重新建立和谐亲子关系的心态,一点一点地弥补,坚持一段时间孩子的情感发育就正常了,这样他从母爱中就能获得快乐,就不必要买玩具了。在心理学上都有证实,一个"爱"缺失的孩子当他重新获得"爱"时,他的一些不良的行为习惯就会变好。因此,我在这里告诉家长,一旦你的孩子从小是寄养在老人身边或者其他亲属家里,那么你就要重新密切亲子关系了。

第二件事就是培养孩子有广泛的兴趣。实际上,你的孩子买玩具他就获得快乐,这是快乐的一个方式,同时我们也会发现这个孩子的兴趣太单调了。比方说孩子的兴趣就在玩具上,那么这样是不健全的。我们再给出一个方法就是你要让孩子兴趣广泛,经常领他到新华书店看他喜欢的图画书;或者是领他去养小动物、养花种草的地方;或者是带他去参加体育活动。这是为了分散他对玩具的注意力,这是一个纠正方法,也是比较好操作的方法。

除了以上这两个方法之外,我们平时要告诉孩子,钱是怎么来的。很多儿童不知道钱是怎么来的,家长应该告诉孩子:钱是经过爸爸妈妈辛勤劳动挣来的,是用来供你吃、供你穿、供你上学的,如果你过分地买玩具是不行的,爸爸妈妈是不同意的。这样的小儿童,家长也要对他进行价值观的教育,哪些是可以买的,哪些是不可以买的。

以上三个方法希望能解决儿童爱买玩具的这个问题。

⊙ 大多小孩爱攀比

我们现在的儿童物质生活非常的丰富。有很多小朋友经常穿新衣服,经常换新玩具,经常有新书看,每天有新鲜事发生,这样就大大刺激了周围小朋友的攀比心理,这种心理对孩子的成长非常不利。很多孩子会跟家长说:妈妈,我们班某某买了什么,我也要买。这种情况非常普遍,因此,家长就要教育孩子不要攀比。

爱攀比这种心态是属于价值观方面的，家长要培养孩子树立正确的价值观，另外我们教育孩子要有一个自己的家庭教育文化。

家长要告诉孩子：攀比是一种不好的习惯，一种不好的思想意识，儿童要有一个自己的独立的生活方式，别人怎么生活那是他的事情，你怎么生活那是你的事情，他的生活不能干扰你的生活，你的生活也不要想干扰别人的生活。如果教育孩子有这样一种态度，孩子就能消除攀比，也能消除炫耀的心理。一般有攀比心理的孩子也会炫耀，孩子买了玩具之后，不要让他把玩具带到学校，同时也要告诉他："你买了东西就拿去给别人看，这是炫耀自己，炫耀自己是羞耻的，那么攀比也是一种羞耻的行为。"你要告诉孩子："别人不管买了什么玩具，不管买了什么车子，你也不要羡慕人家，那是人家的。咱们家可以买，也可以不买，买和不买要由家长做决定，家长说买就买，家长说不买，你就得服从家长说的，就不买，也不要羡慕其他小朋友的东西。"这样教育孩子是非常正确的，这是一个价值观的教育，而且这种价值观的教育是天长日久的，要经常给他灌输的，这样就能把孩子培养成一个有独立思维，有独立意识的孩子，对他的未来发展是非常重要的。

⊙ 爱霸占他人东西不容小视

幼小的孩子爱霸占他人东西的这个问题是很复杂的。幼小的儿童，他有时候分不清这个东西是属于自己的还是属于别人的。一般从本能上来讲，他就认为所有的东西都是他的。比方说,他在小朋友当中玩,玩的时候,他的玩具不会给别人;同时,他会去抢别人的玩具或者会偷别人的玩具,然后占为己有,这种情况是很普遍的。孩子的这个问题,有时候也会给我们家长造成很大的尴尬,就认为自己孩子教育的不好,不礼貌,不尊重别人,然后还拿别人的东西,显得很丢面子。实际上,这个家长大可不必这样想。因为幼小的儿童,他分不清这个东西是谁的,这个东西属于谁,他不知道的,他就觉得所有的东西他都可以占有的。这是幼小儿童的一个认识问题。另外,上了一、二年级的孩子也会有这样的问题。有的孩子把别的孩子的玩具拿来,把别人的钢笔拿来,把别人的书拿来,只要他喜欢,他就拿来想占为己有。孩子的这种行为不能和那种偷盗来相提并论。

那么在这种情况下,我们家长也不要着急,孩子一旦把小朋友的东西拿回来了,作为家长就要动员他,让他主动把东西送回去,并且给他讲一些道理,告诉他:"属于自己的东西就自己支配,不属于自己的东西就不能随便拿;是别人的东西由别人支配,别人要不要给你玩那是别人的事,你不能强迫别人。"慢慢的孩子就懂了。同时,我们还有一种观察,就是幼小儿童,如果他的母爱非常缺失的话,那么他会去把别人的东西占为己有,这是什么原因呢?这是因为我们在生活当中,很多妈妈忙事业、忙工作,然后和孩子沟通得少,孩子得到的母爱太少,这样的孩子也就会出现这种问题。如果出现这种问题,作为孩子的妈妈,你要和孩子有足够的时间和他在一起交流、谈话、拥抱他、领他玩,等等。这个时间你要付出,你不付出,孩子就会有行为的偏差,这个是心理学上早已证实的。

很多小朋友愿意去拿别人的东西占为己有,但是他自己的东西却不愿意给别人玩。有时候,家长要孩子把这个东西给谁玩,他也不给,这个时候由于其他家长和孩子都在一起,对孩子的这个问题你就会感到很没面子。实际上,和前面的霸占他人玩具的问题有点相似。这是孩子很小的时候,他自我意识强,他考虑别人的少,因此,他不愿意把自己的东西给别人玩,宁可这个东西放那儿,就是他不玩他这个玩具,放在那儿也不让别人动,这种情况是有的。一、二年级的孩子也有这种情况的。孩子就是不愿意把自己的东西和别人分享,而是愿意把别人的东西占为己有,这都是一个幼小儿童成长的过程,当孩子大了以后就好了,在这方面家长就要给孩子讲一些道理。但有的时候讲了道理之后也不起作用,因为他的心理还停在那里,他的心理就是唯我独尊的,就是那种自我的,家长也不必要强迫,就是在人群当中不要强迫孩子非要把他的东西分享给谁,那样强迫的结果是不好的,许多事情要出自孩子的自愿。如果孩子非常小,家长又非常希望他把东西分享给别人,这样就会导致这个孩子按照你的相反的方向去做。就是你越说给别人,他就越不给,这样就很尴尬。那么,我想这个要看孩子的情况,觉得孩子现在可能把这个东西分享给别人的时候,家长在这种情况就提醒他一下:把这个东西给谁玩一会,这时家长的话是有用的。如果孩子根本就不想给别人玩,不想让别人拿去的时候,家长要是在这种情况下,提出要他分享就会出现尴尬。因此,这个问题是要看孩子的情况,另外就是要等待孩子的成长,等待孩子的分享意识有了,然后再去叫他分享。

⊙ 经常不好好吃饭

现在的家庭在孩子吃饭这一件事上,家长是怎样做的。先观察一下当今社会,孩子一般都是独生子女,独生子女一降生,家庭的所有成员对他是百般呵护,其中在"吃"这一项上,家长就做的很离谱。比方说,一个妈妈端着饭碗,喂四岁的孩子,孩子不吃,妈妈把饭往他嘴里塞,孩子很不情愿接了这口饭就离开座位了,去玩了,家长坐在那里等,过一会就去哄着他,跟他商量:好好吃饭,再吃,把这些吃完了,我们就去玩好不好,等等。这种现象非常普遍,特别是寄养在奶奶家、姥姥家的这些孩子更普遍,都是孩子在前边跑,老人在后面追着给孩子喂饭。实际上这是一种非常错误的做法,孩子吃饭是他的本能,吃是儿童的本能,儿童饿了就吃,不饿他就不吃,不吃你就不要喂给他,你要硬往他嘴里塞,就破坏了他吃的本能。

因此,今天在这里告诉大家,凡是端着饭碗喂孩子的家长就要终止了。这个道理是:第一,你如果端着饭碗,追着孩子吃饭,这样孩子会厌食,孩子一旦厌食,他的大脑就得不到充足的营养。用这种逼着孩子吃饭的方式,导演出的不光光是他的不良饮食习惯,更主要的会影响孩子的大脑神经系统的发育,他的大脑神经系统就会发育的不正常,就会有缺陷。第二,孩子一旦养成要逼着他吃饭,哄着他吃饭,这样他的脾胃就会遭到破坏。就是说该吃的时候,不吃,不该吃的时候,他又去吃去了,这样就严重破坏了他的生物钟,他的身体发育就会不正常,还更容易患疾病。第三,一个孩子如果在吃饭上,家长总是来逼着他吃,哄着他吃,他可能还会出现逆反的心理。因为他要是不吃饭,家长就很着急,总是千方百计哄着他吃,这样他就会把自己当做一个小皇帝,把家长当做仆人,他们就会利用家长的这种心理来要挟家长,你要让我高兴我才吃,要满足我某个欲望我才吃。这样的价值观形成了,对孩子的成长是极为不利的。第四,如果我们喂养孩子的方式不正确,还容易养出一个肥胖症的孩子。有的孩子食欲非常大,那么家长又特别关注他吃,总是给他多多的吃肉,肉吃得太多就会产生肥胖症,这样为以后的学习也是不利的。如果有十个肥胖症的孩子,其中有九个孩子都不会学习好。

现在,家长首先要明白,不正当的喂养孩子,会导致孩子的未来出现问题,那些未来的问题,都关系到他的学习,关系到他的成长。对不好好吃饭的孩子,家长该怎么办呢?

首先家长要和孩子约定"吃饭的时候,你要好好吃,要吃饱,如果该吃饭时你不吃饱贪玩,接下来就没有饭吃。"如果他当时不吃饱就去玩了,玩了两小时觉得饿了,下一餐的时间还没到。这里家长坚决不能给他吃东西,就让他饿着。那么他会哭也会闹,家长可能就会担心,这样会不会把孩子饿坏? 一顿、两顿,是饿不坏的,要让他养成好的饮食习惯你就必须这么做。他就饿的不得了,就体验到不好好吃饭所带来的痛苦。这种饥饿对于孩子来讲,是非常难受的。儿童经过了饿的痛苦,就知道要好好吃饭,吃饭时要吃饱了。过了几天孩子又不好好吃饭了,那么家长还是用同样的方法。这样几次下来,孩子慢慢就学会了自己应该怎么吃饭了。

孩子有吃的本能,孩子饿了他就吃,不吃说明他不饿。家长一定要利用孩子的本能,纠正他不好好吃饭的不良习惯。

⊙ 该睡觉时不睡觉

幼小儿童不爱睡觉的问题确实让家长心烦。到了晚上家长都困得不行了,他还在那儿很精神的样子。实际上,这种情况有时候是没办法的。因为我们中国的幼儿园都有睡午觉的习惯,到了晚上孩子可能就会睡得晚。

那么,对于我们中国孩子不爱睡觉就没有纠正方法了吗?方法还是有的:第一,晚餐不要让孩子吃得太多,他肚子里吃得太多,就会获得很多能量,不把能量消耗到一定程度他是不会睡觉的。第二,孩子睡觉之前,家长要给孩子放缓慢的音乐,这个缓慢的音乐就能调节孩子的大脑波,把这个孩子在 β 波的状态降到 ε 波,进入睡眠状态。第三,把孩子睡房的灯光调暗,这种暗的灯光能使他尽快地进入睡眠状态。

⊙ 为什么孩子不听话

很多孩子有捣乱癖的行为,就是大人说东他就说西,大人说这样做他就那样做。这样的孩子左脑提前发育了,他就用自己的想法去做事,去思考问题,于是他就变得不听话。不听话的孩子家长还不能用打的方式来纠正他。这个是大脑科学的问题而不是孩子的本能的问题,这一部分孩子需要用古典音乐来解决他的问题。也就是说,我们平时要给他听这种音乐,听这种音乐的目的就是让他在左脑这种大脑思维的状况下转移到右脑。这是因为他的思维在左脑的时候,他就会斤斤计较,他就会不听话,他就会独断专行;那么,我们现在用音乐的方法,每天不断地刺激他大脑的思维从左脑的状态转移到右脑来思维,而右脑是一个听话的脑,用右脑思维的孩子也就会变得乖巧、听话。因此,经常听背景音乐的孩子,最后都得出一个结论就是:孩子比以前听话了。

需要强调的是,孩子不是打出来的听话,打是解决不了问题的。

Chapter 10
〈第十章〉

注意力不集中怎么办

注意力差、容易分心被列为儿童十大问题行为之首。中国75%的孩子都不同程度存在注意力差的问题。特别是孩子在课堂上静不下来，学习明显困难，使孩子的学习无法达到理想的状态。这些问题困扰着家长们，也成为孩子健康成长的绊脚石。因此培养儿童的注意力，让孩子重新喜欢学习，已成为当前教育的重要问题。

⊙ 注意力不集中有啥后果

研究发现影响孩子学习成绩的原因有很多,其中注意力不集中占很大比重。我们可以想象,如果一个孩子的注意力有问题,毫无疑问,他会在学习方面有障碍,如果不及时采取科学有效的手段,他的人生也可能会很糟糕。

注意力不集中常常表现为:

(1)上课不能很好地听,听一会,注意力就会转移到别处,如自己在那玩东西、和其他同学说话、伸出手去招惹同学;

(2)在做作业的时候,也会做一会就去洗手间、一会要活动一下、一会要喝水、一会又要吃东西,等等,没办法好好地坐在那里完成作业;

(3)在阅读方面,他也无法安静下来把一篇文章看完,坐在那里总会不停地动来动去……这是影响孩子学习方面的。

(4)一个注意力不集中的孩子,还会影响情感的健康发展。这是因为他在课堂上表现的种种"劣迹",有时影响到老师讲课,影响到其他同学听课,这样一来,老师轻则对他批评、指责,重则对他惩罚,罚做作业或罚站,同学也会厌恶他,不和他玩。在家里,孩子由于注意力不集中,不能很好的完成作业,使家长感觉到这孩子怎么就不好好学习呢?看到孩子做作业慢,磨时间,就会很生气,为此就会去指责、打骂孩子。长此以往,就会使他的情感发生变化。

注意力不集中,孩子会得不到大家的认可,心理会非常痛苦,也会不自信,他的内心是灰暗的。这样就容易使他形成一种攻击性的人格,甚至反社会的人格。一般来说,这样的孩子长大之后,不但学无所成,甚至走向危险的人生边缘。

权威机构对1200多个青少年罪犯进行调查发现,其中75%从小学习注意力不集中。比例如此之大,可想而知这样一个群体,会给家庭和社会带来多大的麻烦和危害。由此可见,提高儿童注意力的问题多么重要和紧迫,特别是在目前这个经济高速发展的社会,人们面临的各种压力越来越大,人的生存环境也变得非常不乐观。在这种情况下,孕育出的儿童注意力不集中的比例也在呈现增长趋势。这个问题已经引起世界各国的普遍关注。

注意力的问题关系到孩子的学习成绩、孩子的心理发展,也关系到孩子品德的培养。因此,我们要认真地对待这个问题。

⊙ 为什么注意力会不集中

综观造成儿童注意力散失的成因,可概括为两方面:先天因素和后天因素。

先天因素主要来源于母亲:

(1)有的母亲在怀孕期间,情绪不稳定,经常焦虑,母亲的这种焦虑情绪间接地影响宝宝;

(2)有的母亲在怀孕期间,抽烟、喝酒等不良习惯直接影响肚子里的宝宝;

(3)还有的母亲在生产宝宝的时候不是顺产,而是剖腹产,研究发现,剖腹产的孩子,注意力不集中的比例非常高。这里我讲一下这个剖腹产的问题,当然,有些产妇是因为难产而确实需要实行剖腹产,但有的产妇是出于其他目的(比如:为了出生占个好日子,好时辰),本来可以自然生产的,却盲目地去剖,这是一个非常可悲的事情。

当然,这些因素都已经是过去时了,也就是在过去的时候,你的条件和你对于科普知识没有掌握好,而造成今天孩子注意力不能集中。以上可理解为先天因素。

接下来我讲一下后天因素。

(1)首先是家庭因素,孩子诞生了,但是这个家庭的夫妻总是吵架,孩子就是在这种非常嘈杂,气氛非常紧张的环境中长大,这样的孩子往往会没有安全感,看到父母吵架就会非常恐惧,他也会变得非常敏感,情绪也会非常焦虑,自然他的注意力也就无法集中;

(2)有的家庭,孩子降生之后,把只有几个月大的孩子委托给姥姥或者奶奶去带,孩子很早就离开母亲,这种过早的母子分离,影响幼儿正常的心理需求,这样的孩子也会注意力不集中;

(3)还有的家庭不注意孩子饮食方面的科学问题,造成偏食或厌食,也会导致儿童注意力不集中。怎么吃饭也跟孩子注意力有关系?这个问题需要解释一下,因为我们大脑的神经系统发育需要50多种营养素,这么多的营养素都来自谷类、蔬菜、水果,还有其他的食物,起码要吃20多种食物才能达到50多种营养素。这就要求我们必须吃多样化的食物,经常变换食物的种类来满足大脑的神经系统发育。如果一个孩子偏食,他仅吃其中几样,那么他的大脑神经系统发育就不粗壮,导致注意力很难集中。因此,我们非常坚定地告诉大家,要想让你的孩子注意力集中,必须改变错误的饮食习惯。另外,一个孩子身体的微量元素不平衡(偏高或偏低),也是饮食不科学造成的,也会影响到孩子注意力不集中。

注意力不集中成因很复杂,不同的孩子有不同的原因,表现的年龄段也不同。那么怎么才能有效集中孩子注意力呢?接下来我们继续来探讨。

⊙ 怎样改善儿童注意力

许多家长知道自己的孩子有注意力不集中的问题,但就是不知该怎么办。既然造成问题的成因很多,那么解决办法也应该是综合性的。李老师在这里开出了多种药方,总有几个会有效。

第一,家长改变看法:注意力与品德无关

家长改变看法,就是说家长必须重新端正对孩子的态度。一般来说,我们家长都是这样的,孩子到了二、三、四年级,由于注意力不集中,家长就和孩子进入对立状态,而且家长对孩子的看法与两三岁的时候截然相反,两三岁的时候孩子怎么看都可爱,即使非常好动,也认为这孩子是活泼的。但是,现在却非常令人讨厌,这是为什么呢?因为他不好好学习,他不好好听课,他不好好作业,他不听话,等等,诸如此类的问题使家长非常烦恼。久而久之家长就会从道德这个层面去谴责孩子,认为他不是好孩子。这显然是不对的。

现在我们明白,一个孩子的注意力不集中和孕妇的早期怀孕有关系,和他出生时的方式有关系,还和他后天的营养、环境有关系,知道了这些,家长就要改变了,改变什么呢?首先改变看法,孩子今天的状况和孩子无关,可能是家长造成的,可能是家长当时的条件不好,又没有学习科学的方法,导致孩子注意力不集中。可以这样说:问题产生在孩子身上,但是根源却在家长身上。家长明白了这个缘由,那么接下来的情况就比较好办了。因此,我讲的第一条就是说我们看孩子的注意力的问题,必须要用科学的眼光去看,实事求是地去看,用积极的方法去看,用辩证的方法去看,这样才行。我们要彻底丢弃以前孩子出了问题就指责孩子,抱怨孩子,埋怨孩子或者是埋怨别人,这都是不对的。我们家长在教育孩子时,是作为一个教育者,一旦你的被教育的对象发生了问题,我们首先要从自己身上找原因,不论是家长还是老师,这是解决问题的根本方法。

孩子问题出现了,责任在家长,首先把责任揽过来,这才是解决问题的一个根本,否则的话,你没有出头之日。

作为家长你要想你的孩子注意力逐渐提高,那么你要端正一个态度,就是对孩子的态度,对孩子以往的注意力不集中的各种各样的不良表现,重新看待,认识到孩子的这些表现和孩子无关,与孩子的品德无关,责任在我们家长。这是我说的第一个方法。

第二,重新建造温馨和谐的家庭气氛

观察发现,孩子上课注意力不集中,作业不好好做,学习乱糟糟,成绩下降,往往会带来一个副产品——家庭进入一种混乱状态。所谓混乱状态,如夫妻之间因为孩子的问题经常拌嘴,经常吵架,妈妈会指责孩子,抱怨孩子,打骂孩子,爸爸也会使用武力对待这个小家伙。这样一来注意力不集中的孩子在这样的家庭气氛中就会更加不集中。

为了让家长知道重新建造温馨的家庭、和谐的气氛的重要性,我再回过头来说说影响孩子的注意力的源头问题。事实上孩子的注意力就是大脑神经系统的问题,也就是说,类似这样注意力不集中的孩子他的大脑神经系统和其他孩子是不一样的。一个注意力集中的儿童,他的大脑的神经系统,会顺利地分泌出快乐的荷尔蒙,使他身心非常舒适;相反,注意力不集中的孩子的神经系统不能分泌出使他安静的荷尔蒙,实际上就是这样的一个区别。同样是一个孩子,同样是一个大脑,大脑和大脑是不一样的。如果我们把大脑比做工厂,也就是说有的工厂它会生产许多高质量的产品,但是有的工厂却只能生产大量报废的产品,有污染的产品。同理人的大脑也一样,如果一个健康的大脑,它会很好地帮助孩子学习,帮助孩子成长,而如果大脑出了问题,他的学习、生活、交际、情感发育就会很困难,因为他不能正常地运作。这也就是我们为什么要提倡重新建造温馨、和谐的家庭气氛的原因。

家长要明白,夫妻双方结婚组成了一个家庭,同时又把孩子生出来,作为一个孩子,他来到这个世界上,并不是他自愿来到这个世界上的,没有一个孩子,是他告诉妈妈:你把我生出来吧!没有,都是被动地被生出来。你们生出来的孩子,就要对孩子有责任,为了这个孩子的健康成长,家长夫妻之间必须克服一切矛盾,为孩子创造温馨的环境,作为夫妻,你们必须这样做,这是责任。

我们讲教育实际就是讲责任,教育就是一份责任,如果家长没有了责任就教育不好孩子,老师没有责任,学校没有责任,也教育不好孩子。大部分的人才都是在有责任的环境中涌现出来的。郭晖摇着轮椅上北大、约翰·库提斯天生双腿残疾却成为国际著名激励大师……他们的精神财富的价值在世界上是无法比拟的,那么他们为什么能这样呢?首先感谢他们的爸爸妈妈有责任感。

我们应该重新审视自己家庭环境的气氛,如果有不合适的地方就要进行改善,当然改善也有很多方法,可参考《建立和谐的亲子关系》、《消除妈妈焦虑情绪的方法》等内容,这些课程对于创造家庭温馨环境都是非常有帮助的。

第三,与孩子所有的任课老师做最大限度的沟通

我们的家长要知道,一旦你的孩子注意力不集中,上课不好好听课、说话、乱动、非常随便,这样就会惹得所有的老师头疼。我在小学教学时专门调查过那些学习不好,上课又不好好听课的孩子的家长,也跟他们深入交流过,结果发现这些家长都有一种抱怨,他们对老师很不满,有的还说老师的坏话,有的迁怒于孩子。大部分家长根本没有去想孩子的这种问题是怎么造成的,也没有去想怎么帮助孩子解决,当然了,有的家长是没有方法来帮助孩子的,因为家长不学习也就没有方法了。于是,家长与学校和老师基本上是对立的,认为老师没有教好自己的孩子,或者认为老师偏心,对自己的孩子不好。

家长的这种想法当然是不对的,我今天就要告诉家长一个事实:如果我是一个班主任,经营 60 个孩子,如果有 5 个注意力不集中的,我就倒霉了,作为一个班主任,我的工作的重心就在这 5 个孩子身上啦,甚至我在备课的时候都在想这 5 个孩子,每天压力都非常大,作为这样的一个老师他会千方百计地想这个孩子应该怎么办,那个孩子应该怎么办,这个孩子的家长应该怎么和他沟通,这个孩子惹的祸我怎么和其他任课老师沟通。这个班主任为了把班带好,他还要协同各科老师,他要为各科老师到这个班里上课创造一个温馨的环境,这样老师们才能上好课,把班里的成绩搞上去。家长一定要知道如果你的孩子注意力不集中、搅乱课堂纪律,他给老师带来的灾难是非常大的,我用"灾难"这个词,可能家长会觉得过于严重。家长只觉得自己的孩子在这个学校没有学习好,成绩上不去,还经常被老师批评,被学校批评,就认为老师和校方对你有歧视,实际不是的,作为孩子的家长,我们要设身处地地为老师想一想：你的孩子在班里，老师要用普通孩子十倍的精力来照看，照看不好，还要落下一些你的埋怨。

据我了解，这样的孩子的家长很少有和老师处得非常融洽的，非常非常少，我们家长没有站在老师的角度替老师考虑，没有考虑这样一个孩子给老师带来多大的麻烦。

接下来想告诉家长，你面临了一个注意力不集中、爱惹事的孩子，你必须要和所有的任课老师沟通，这个对你的孩子是非常有好处的。一般来讲，一个小朋友，他上课注意力不集中，开始是自己管不住自己或者是一种无意识，不是有意要捣乱，但是，他一来二去时间长了就是在真正捣乱课堂，为什么呢？老师要求上课的时候所有的孩子必须集中注意力，这样他才能继续下去，一旦有的孩子溜号了，老师会用各种暗号暗示，结果老师的目光始终在这几个孩子身上，如果老师提醒一下他不听，提醒两下他不听，一直这样下去，不是所有老师都是菩萨心肠，他们也有情感，有的时候就会厌恶这个孩子。就像我们各行各业的人，厌恶你所服务的对象一个道理。同时这个孩子不从自己身上找原因，却怪罪老师，认为老师对别的小朋友很好，对自己不好，对我不好我就越捣乱：在课堂上说话、捣乱、乱动、不合作、不交作业，等等。结果这个孩子和任课老师对立，还会和班里的好孩子对立。

假设家长知道了这种情况之后，主动和所有任课老师沟通，这样就会使老师对孩子的厌恶感减轻，减轻了对孩子的厌恶感，就不一样了。举一个例子，比方说英语老师每次上课孩子都捣乱，每次上课都不合作，然后英语老师就厌恶了，都半年过去了，英语老师连家长都没有见过面，她肯定会继续厌恶下去。如果这个孩子上课注意力不集中，家长很快就得到这个信息，赶紧和英语老师沟通，讲孩子的实际情况，比方说：我这孩子可能是由于剖腹产，导致后天注意力不集中，我也不懂科学教育方法，抱歉孩子上课给您添了很大麻烦,真诚表示歉意。这样老师就能理解了,就会去包容并帮助孩子改正不良行为,从而给孩子的感觉也不一样了,慢慢地这个孩子可能会主动和老师合作。家长和孩子的所有任课老师做最大的沟通目的就是在这里。

虽然说一个孩子的注意力的提高,有无数的因素,但老师对他的关注是最重要的。因为老师明白了孩子这些不良行为的缘由后,就会同情这孩子,就会很注意这孩子,那么这个孩子的注意力慢慢就会得到改善,反过来老师厌恶这个孩子,讨厌这个孩子,用语言伤害这个孩子,那么这个孩子注意力就不会集中的,也不会有好转。我一直告诉这样的家长和老师,做最大限度的沟通,这样对于你孩子的发展是有好处的,相信这些秘密能让家长明白。

第四,强化儿童的科学饮食

孩子大脑的神经系统,他需要 50 多种营养素,如果缺少了某一种或几种,那么孩子注意力就会出问题,如果得不到及时改善,也不可能提高,因此我们家长必须要用科学的方法来给孩子调节饮食,对于孩子的偏食、厌食都要改善。很多家长听了我的《儿童的科学饮食与智力发展》后,都积极地开展科学的饮食,这样很多孩子都改善了,都很正常了,妈妈做什么饭他都能正常吃了,这就很不错。当然,我也要告诉大家,科学饮食也不是一两个月就见效的,要慢慢来。

第五,加强儿童的户外体育活动

如果你面对一个爱说爱动注意力不集中的孩子,会采用什么方法使他安静呢?很多家长可能会走入这样一个误区:孩子爱动,就要让他静下来,让他所做的事情都和静有关系。有个家长说他孩子爱动,就让孩子去学围棋,意思是学围棋不是坐着吗,一动不动。这样你的孩子训练得不动了吗?实际这是不可能的,这个方法是不对的。

其实孩子动得多,一般是属于动觉学习者,或者是带有多动症倾向。这类孩子必须让他动,每天安排课外活动,并且要有固定的时间,要有足够的长度,至少一小时,还要让他玩得非常好。我们都有这种体会,比方你这一个月天天玩篮球,玩完之后回来冲个澡,身上非常舒服,为什么舒服?因为你大脑分泌了这种快乐的物质,安静的物质。对于一个孩子来讲,分泌了这样的物质之后,他身上就舒服,然后他就可能安静下来、延长做作业的时间。因此,我们家长应该主动地加强儿童的户外体育活动。

第六,提高儿童睡眠的质量

面对一个好动的孩子,注意力不集中的孩子,给你的感觉是孩子整天没有安静的时候。其实很有可能是孩子的睡眠质量出了问题。众所周知,睡眠是休息大脑的,通过高质量的睡眠来整合大脑的信息,这对于提高成绩是相当重要的。比方说,今天作业做不完,明天作业做不完,这种恶性循环的状态怎么办呢?你还是要保证孩子的睡眠,我们为了挽回恶性循环这种状况,要舍弃一些东西,作业有时先放下或者家长帮忙做,让他赶紧睡觉,睡好觉第二天上课才能上好,上好课回来做作业才能做得更好,我们应该这样想,把睡眠质量先提高上去。(需要说明一点。为了提高孩子睡眠质量,家长可以帮孩子完成作业,只是权宜之计,切不可包办代替。)

第七,减少儿童课外学习班

一般来讲注意力不集中的孩子,多动的孩子,由于他在课堂上不能很好的学习,作业不能很好的完成,那么他的学习成绩就会下降。成绩下降之后,家长立即就会采取措施,参加各种补习班,我们全国的家长几乎都这样做。那么这样做的结果是什么呢?是不是说你孩子一参加英语学习班英语就学习好了,一参加语文学习班语文成绩就上去了,一参加数学学习班你的孩子大脑就灵光了,我告诉你,很少有这种报道。事实是主课不要到外边去学,就凭在课堂上,老师就能教会教好他的,你在外边学了之后,不但学不好,而且还会使孩子进入恶性循环。也就是说你的孩子该休息的时候没有休息,该调整身体的时候没有时间调整,那么都去参加这样的学习班。课外学习班参加了,在课堂上就不能很好的听,因为他在课堂上无法注意力集中,孩子太疲劳了,他的大脑无法会聚足够的能量来听老师的课,因此注意力不集中,然后还会学习不好。

可能有的家长会这样说,老师你说得不对,我的孩子自从参加英语学习班,英语成绩都上去了。家长这样说,那么我告诉你,这是一种短期的行为,你用参加学习班的方法来提高成绩,这是暂时的,你再延长一段时间看看,你孩子可能这英语课的成绩会下来,而且其他课也会跟着下来。因为孩子身体的总能量是一定的,你不用科学的方法,你不用正规的方法让孩子去学,长此以往,孩子就会厌恶学习,同时注意力也得不到提高,也得不到改善。所以要减少儿童课外学习班,怎么减少呢?也就是说你的孩子如果真的需要参加课外学习班,你也不要参加很多课外学习班,你参加一个就行了,不要参加两个,作为你这样的孩子,和别人的孩子不一样,有的孩子参加四个课外学习班,她学习成绩都好,这样的孩子咱们都看见过的,但是你的孩子不行,参加一个就可以,当这科稳定了,到了第二年、第三年再参加另一个班。孩子要想学习好,必须立足于老师的课堂。北大的学生,清华的学生,各省的高考状元他们从来不参加这样的课外学习班,都是靠自己,靠课堂,靠老师的。因此在这里把这个经验给大家讲,大家要心中有数,你不要盲目,盲目之后花了很多钱,孩子不起色,你会抱怨,会抱怨孩子,会抱怨老师骗钱,我们很多家长会这样去做的。

第八，教会儿童运用科学的学习策略

注意力不集中的孩子，是不是就没有注意力呢？应该说还是有注意力的，只是他注意力集中的时间比较短暂。如果孩子能集中注意力的时间是 5 分钟，那么好了，你在安排他作业时可以这样："今天晚上，儿子你来做作业，就这两个题，你用 5 分钟时间去做完。"然后他拿着本子到书房做这个作业了，到了 5 分钟你就把他领出来，领出来之后让他稍微放松一下，休息一下。休息 10 分钟，然后再送进书房，再学 5 分钟，然后再出来，就这样以这个方式来做作业。

这个观点可能很多家长会提出：这不是三心二意做作业吗？孩子要一口气做好作业才行啊！于是我们家长对孩子死看死守，一个小时、两个小时、三个小时就那么陪着孩子做作业，陪的结果是什么呢？孩子获得了极大的做作业的痛苦，即学习的痛苦，结果陪出厌学症。其实这个方法就是根据孩子的实际情况制定的，就是他学了 5 分钟之后，没等注意力分散就终止他学习，玩了 10 分钟后再去做 5 分钟。当然 5 分钟只是举个例子，如果孩子注意力能保持 15 分钟，就让他做 15 分钟，这样孩子就能高质量地做他的作业，而且做作业也不会痛苦。如果今天以这种方式把作业做完了，而且很开心，明天再以这种方式，后天再以这种方式，孩子就会逐步集中注意力，时间长了就喜欢学习了。在他的大脑里边建立了一个正确的神经链——"学习—快乐"的连接，学习中感受快乐。如果你的孩子能做到这一点，那么随着时间的推移，你的孩子从原来的 5 分钟就延长到 10 分钟，过 3 个月又延长到 20 分钟，过半年后又延长到一个小时，这样，孩子的注意力就得到了改善。反过来家长看着你做，看你要不要好好做。实在不行我就给你个嘴巴子，看你要不要做。如果你用这种方法，你孩子注意力永远不会集中,永远不会改善,永远不会提高,这个环境不是培养注意力提高的环境。

第九,教会儿童合理运用背景音乐

孩子在学习的时候,教会他运用背景音乐,尤其是古典音乐,即二三百年前的作曲家谱的曲子,都是非常优美的乐段,这样孩子的注意力可以有效地提高和改善,这是什么原理呢?

优美的古典音乐,能够让孩子在听的时候把大脑波从很高的、快速的 β 波状态中回落下来,使之速度放慢,回到 α 波状态,而这种 α 波就会刺激孩子大脑分泌快乐的、安静的物质,生成大脑内啡素,大脑内啡素有助于集中注意力、安抚心灵,稳定情绪,增强记忆力。这个方法是我所讲的 12 个方法中最好的方法。在这个方法指导下,好多家长都反映:孩子注意力的改善非常明显,而且喜欢学习了,最重要是他们听话了。因为这种音乐,引导孩子从左脑的状态转到右脑的状态,而右脑是一个听话的脑。也就是一个孩子他每天学习注意力不集中,做作业三心二意的,总是心灵浮躁,焦虑不安的,一会儿干这个,一会儿干那个,实际上主要是左脑在活动。他做一个小时的作业,那我们就给他播一个小时的古典音乐,这样孩子就会安静下来,他的大脑波回落,同时孩子大脑生成大脑内啡素,他的不良状况就得到改善。坚持一段时间,孩子就觉得做作业这件事不再是很为难的事,家长再配合其他的教育方法,孩子的学习的主动性就上去,然后就从不喜欢学习转化成喜欢学习。

我花了大半年时间专门研究古典音乐,并把它分成几组,有早晨起床时听的,做作业时听的,睡觉之前听的,等等,只要孩子在家,就让这种音乐伴随着他,这样他的大脑的机制就有了改变。家长经常播这种音乐,然后就刺激他的大脑习惯性地分泌出这种快乐的、安静的物质,这样孩子整个情况就改善了。

第十,让儿童做他所痴迷的正当事情

在讲这个方法前,我先讲一个故事:日本有一个获得诺贝尔奖的物理学家,在童年的时候,他经常在院子里玩积木,搭积木,一玩就是一天。邻居看了跟他妈妈说:"你孩子是不是有问题啊?一个积木有什么好玩的,还能玩一天呢。"妈妈非常智慧,她说:"我儿子长大以后必有造就。"这个儿童的名字叫汤川秀树,后来成为了物理学家,并获得了诺贝尔物理奖。我们从这个故事里能领会到什么呢——注意力对人才成长的重要性。同时我们发现,如果一个儿童做他所痴迷的事情,会不断地提高他的注意力,但是我们家长不懂,往往会破坏孩子的注意力。比方说你家孩子两岁的时候在一个房间里玩,静静地玩,哪怕是一张纸,哪怕是自己的脚丫子,他也在那在玩得很专注,他会一边玩一边琢磨。孩子在独自玩并且很专注时,实际上就是训练他自己的注意力,即孩子正在聚精会神地研究他的问题,而我们家长却发现孩子没动静啦,赶紧把他拉出来,中止了这件事,我们很多孩子的注意力都是这样被破坏了。

从小就应该让孩子做痴迷的事情,对于培养儿童的注意力非常有好处。不同的孩子对他痴迷的事情是不同的,有的愿意看书,注意力虽然不集中但是愿意看书;有的愿意养动物,他会专注去研究他养的动物;有的孩子愿意制作,等等,孩子愿意做的就让他去做。也就是说当一个孩子做他所痴迷的事情的时候,他的注意力就集中了。因此,根据这个原理我们就要发现孩子痴迷什么,我们就让他做什么,这是培养儿童注意力的一个很好的方法。

作为家长你要想一想,孩子有什么喜欢的,你就让他做,只要这件事对他身体没损害,对周围没什么损害,也不影响什么伦理,那就让他做,这是我们从注意力这个角度来考虑。切忌家长太过功利,不论孩子做什么都要跟学习挂钩,必须马上终止这种愚蠢的行为。因为这样不但不能培养孩子的注意力,反而破坏了他的注意力,使之更加恶化。我们说让他做痴迷的事情是以迂回的方式让他提高注意力,接着提高学习成绩,这是一个思维方式,我们就要这样做,特别是孩子还小的时候就要这样去培养。

第十一,帮助孩子建立正确的人生观

孩子虽然很小,但是我们要一点一点培养他正确的价值观,帮助孩子建立正确的价值观,就是让孩子从小知道什么是对的,什么是错的,什么是应该做的,什么是不应该做的,好事让他多做,坏事让他少做,做的时候让他一点一点来,不断的强化。

我们知道孩子注意力的提高不是一下子完成的,他会有反复,也是正常的。那就要求我们反复去告诉孩子什么是正确的人生观。例如让他明白学习是自己的职责,尊重老师是必需的,这些价值观都正确处理了,他就能有效地抑制自己注意力分散的问题。如果一个孩子价值观发生了错误,如他痛恨老师,痛恨同学,把学习看做是家长的事情,上课自己随便说话,随便打骂其他的小朋友,这样的孩子价值观就是混乱的,这样的孩子注意力也是不集中的。所以说在改善注意力方面,我们家长要教会孩子树立正确的价值观。

第十二,做好长期思想准备

面对一个注意力不集中的孩子,你一定要知道,孩子的注意力问题不是一天、两天就能改善的,也不是一个月、两个月就能提高的,有的时候半年还不见得能改善。所以你必须做好长期准备,这样才是对孩子负责。如果你有了锲而不舍、坚忍不拔的精神来帮助孩子提高注意力,你孩子的注意力就会提高,就会改善。因为,教育有一个特性,它有时候是非常漫长的,会反复的,家长必须坚定信心。

儿童的注意力绝不是说你骂他一顿,打他一顿他就改善了,它是一个漫长的过程,而且是一个系统工程,你要做好方方面面的工作。比方说这方面的工作来提高孩子的注意力是0.1,另一方面的工作就来提高0.3,好几个这样的零点几的一个集合就使孩子注意力不断得到改善。因此,我在这里给大家一句话是"儿童注意力的改善是一项系统工程",这个工程是要用科学的方法来解决。以上我已经讲了这么多的科学方法,希望大家立即行动起来,树立帮助孩子提高注意力的自信心,然后在一个月、两个月、三个月之内孩子能得到改善。

(如果在一年之内还不能使孩子的注意力得到改善,推荐你参加李老师举办的"科学学习夏令营",在40天内对孩子进行综合训练,使孩子的感觉统合能力,使孩子的注意力,使孩子的写字速度,都大大改善。而且,夏令营承诺"无效退款"。)

Chapter 11
〈第十一章〉

与孩子们有关的饮食科学

科学饮食是孩子健康的起点。合理搭配一日三餐，平衡膳食，全面补充营养，有利于孩子的身心健康。"民以食为天"，如果一个孩子的饮食不科学，其身体、心理、学习、行为等必然会出问题。

⊙ 饮食和学习有很大关系

许多家长纳闷,孩子年龄增长,问题也随之而来,上课注意力不集中、做作业拖拉、磨时间、马虎,等等。一旦发生问题的时候,我们家长首先考虑的是孩子不努力,能不能对得起家长的问题。比方说,孩子考试没有考好,然后家长就批评孩子,把孩子批评哭,孩子还得流着眼泪说:"对不起,妈妈,以后我努力。"可过一段时间,再考试还是老样子。为什么?

因为这个问题不是说掉眼泪,向家长保证"努力做妈妈的好孩子"就能达到,就能改变的。流眼泪、说保证是情感层面的东西,对解决孩子学习方面的问题是不行的,家长要解决学习技术层面的问题。所以,我们家长的观念要改变,当孩子出现问题时,要从他的心理层面去分析,不要从道德方面、情感方面去分析,这样无助于问题的解决。但这是我们目前家庭教育及学校教育的一个主要毛病。这个毛病对儿童心身的发展、儿童学习成绩的提高影响非常大。

我在聊天室讲课以来,发现如果有十个家长说孩子上课注意力不集中,做作业磨时间又马虎,当家长打完字后,我会追问一句话:"你的孩子是否喜欢吃蔬菜?"十个家长中有九个会打出一行字"不喜欢吃蔬菜,偏食或者厌食"。有时候,我会跟家长讲:"你的孩子之所以上课注意力不集中,爱动或者做作业马虎、拖拉,行为不端,等等,这些问题主要是来自饮食,特别是三、四年级的孩子。"我为什么这么说呢？因为一年级、二年级的孩子，如果出现上述问题是在情理之中的。那时他刚入学，还没有养成良好的学习习惯，如果到了三、四、五年级，孩子还是这样就不单单是学习的问题了，而是饮食问题。每当我说到这个饮食问题时，很多家长会反问："饮食和学习还有关系吗？"我说："有致命的关系。"

以上就是我要说的第一个方面，就是孩子发生问题的因素是多方面的。一旦孩子出现了问题，我们家长要多想一些实质性的问题，不要单一地谴责孩子不努力、不是好孩子，等等，这样是解决不了问题。

⊙ 科学饮食关系儿童身心发展

一个孩子的饮食是否科学，不但直接关系到孩子身体的成长，还关系到孩子大脑的发育，关系到孩子的注意力，关系到孩子的学习问题与行为问题。比如一个孩子如果缺钙，他就爱出汗，身体总没有力气，坐着的时候，腰总是直不起来；如果孩子缺锌，那么他就会焦虑，就容易吃指甲，容易咬嘴唇；如果孩子吃很多肉，那么他就会肥胖；如果孩子不吃蔬菜，就会多动、注意力不集中，那问题就更多了。饮食是孩子每天都要进行的，一天要吃三顿饭。如果在孩子十几岁的时候，他一顿就能吃下很多东西，那么这些东西是不是科学的，是不是适量的，是不是高质量的，都直接关系到孩子各个层面的发展，甚至关系到孩子心理的发展。

我们经常听到家长说，孩子胆小或者有自闭症，等等，这些都和饮食有关系。当然,它不是绝对的关系,但是有必然的联系。如果家长不学习这些饮食的科普知识,那么在养育孩子的时候,就会出现问题。作为一个老师也是如此,比方说一个孩子上到第二节课时,跟别人说话了,原来这个孩子上课根本就不说话的,但这次他说话了,然后你就非常生气地说:"你这么好的孩子怎么上课说话了。"然后猛地批评他一顿。实际上你犯了一个错误,为什么?因为这个孩子平时是不说话的,但是今天他说话了,你没有去分析他说话的原因。如果你懂科普知识,你就应该走到他身边轻轻拍他一下,然后问他:"你是不是没有吃早餐啊?"那他可能会告诉你,他妈妈起晚了,到公司去了,没有时间做早餐,等等。

当我们懂了这些科学的时候,不管孩子发生了什么问题,我们都能立即想到它的可能性和必然性。如果我们不懂,就会瞎操作,就会对孩子无端地指责,还把孩子弄得很尴尬,让孩子觉得很委屈。所以说,饮食的科学我们一定要学好,因为它关系到儿童的身心发展。

⊙ 大脑工作原理要求科学饮食

我上面有说到饮食不科学会影响孩子学习。孩子学习是用什么学呢?用大脑。那大脑是怎么来学习的呢?

首先我们来了解一些大脑的知识。人的大脑是这样的一个组织:它是一个粉红色的软体组织,它的重量大约在一千四百克左右。但我们的儿童按照年龄会稍低一点。人的大脑里面有神经细胞和胶质细胞这两种。胶质细胞包裹着神经细胞,为神经细胞提供养分,神经细胞是承载信息进行思维的。人的大脑里面有1000亿个神经细胞,一个神经细胞就要和几十亿个神经细胞相连,所以这1000亿个神经细胞就组成了一个庞大的信息网络,这个网络就是承载知识的。我们的儿童的学习、记忆、智力发展都依赖于大脑的神经系统。所以,大脑的神经系统是二十四小时不停地运作的,它的运作方式是电化和生化。假如,在你头上接上传感器,来测量大脑的电流,各种值清晰地显现出来,脑电图就是这样的原理。也就是说,我们的大脑是二十四小时不停地放电的,如果接出一根电线来就能点亮20瓦到40瓦之间的灯泡。现在,我们大家思考这样一个问题:大脑在不停地放电,那它的能源是什么呢?我们的电脑主机正在运作,那支撑主机的能源是什么呢?是电流。街上跑的汽车,它跑得那么快,它的能源是什么?是汽油。那我们的大脑高速度的旋转,它消耗的是什么?它消耗两样东西,第一个是氧,就是我们呼吸空气里面的氧;第二个是葡萄糖。生活中有这种常见的现象,比如公路上发生车祸,有一个人被撞伤了之后,被送到了医院,你会发现医生首先要给他做两件事,一个是给他输氧,一个是给他输液,液就是葡萄糖。因为人的大脑是二十四个小时不停地旋转的,此时此刻这个受伤者虽然已经失去意识了,但大脑还需要那些营养,必须给他补充进去,这样才能使他的大脑不死亡。

氧,对我们普通人来讲,正常呼吸就能得到,这个没有什么问题的。现在要说的就是葡萄糖。葡萄糖是大脑运作的一个最主要的能源。我们经常看到孩子上课,没过五分钟他就会在那里做小动作了,在那玩了,低下头去摆弄什么,不注意听课。如果我们有经验的老师,就会把孩子这种注意力不集中的行为,理解为这个孩子大脑的葡萄糖供应不上了。如果你这样理解了,就会在课堂上进行一个调整,就是暂时不再讲新知识了,然后换一档,让孩子活动一下,听听音乐,几分钟之后再讲,这样,孩子大脑的葡萄糖会得到一个循环的时间,就是身体其他部位的血液循环到大脑,大脑又获得了葡萄糖,就可以继续工作。我们的孩子在家庭也应该这样做。讲到这里,我要告诉大家,当你孩子注意力不集中,做作业磨时间或者总出错时,实际上是你孩子大脑的葡萄糖的供应出了问题。这样,我们家长就必须想办法来解决他葡萄糖供应的问题。我这一节讲的是从儿童的大脑需求来谈饮食,就是从葡萄糖和氧这个角度来讲。

事实上,还有一个更重要的问题,就是我们说了大脑的神经系统需要氧,需要葡萄糖,那是不是其他的就不需要了?不是的,我们的大脑需要五十多种营养素,这些营养素包括很广,比方说蛋白质、维生素、矿物质等。这五十多种营养素才能维持大脑的正常运转。如果你的孩子不能正确饮食或者偏食、厌食,那就可能只有二十几种营养素在支撑他的大脑。很多家长的孩子,学习上的很多问题到三年级、四年级、五年级的时候还没有改变,这是为什么?按我们的理解,孩子是发展的,应该一年比一年强,可是按照这个逻辑,他怎么就没有越来越强呢?就是因为他的饮食没有改变。孩子一直在挑食、偏食、不吃蔬菜、不吃水果,吃那些没有营养价值的小零食、洋快餐等。这样的一个饮食习惯一直延续到六年级,这样,孩子的问题到了六年级都不会改变。我们家长通常感觉到孩子虽然偏食,不吃蔬菜等,但是他发育得也挺好,其他事情也能做。实际上,大脑神经系统方面的知识很多家长不懂,我这里用一个通俗的语言比喻,相信大家都能懂了。人的脑神经系统是装知识的,就好像是一个容器,这个容器是由五十多种材料做成的,这样一个容器它就可以装水,但是由于材料不足,只有二十几种材料来做成了这个容器,结果这个容器就会漏水。

同样,由于你孩子的大脑神经系统长期缺二十几种营养素,所以孩子的神经系统中的一个神经细胞和另一个神经细胞之间的连线就是破损状态,因此,孩子无法学习好,学到的知识也储存不进大脑。孩子的神经系统不但需要五十多种营养素,而且还需要这五十多种营养素对它不停的补充。也就是说,大脑的信息通过神经系统传输的时候,绝缘层就会破损,绝缘层破损之后,身体必须要为破损的绝缘层进行修复,大脑在有了充足的营养之后,它就能自动地修复这些破损的线路,这样孩子就能正常的学习。否则的话,它就总是破损,总是短路,那孩子就不能正常的学习。

孩子有时会做不好作业,遇到难题也不愿意去动脑筋,我们家长或者老师就会这样谴责孩子:"你看这孩子,一遇到难题就不动脑筋了,这孩子思想懒惰。"孩子为什么会出现这种情况?我告诉家长,当孩子遇到一个难题时,他把问题思考到三分之二处时,大脑就短路了,如果继续思考的话,他就得进行绕行,重新来调整大脑复杂的线路运作关系,这样,孩子的大脑神经就痛苦了,他就过不去了,不能一下子就看到问题的实质,他看到一半的时候,大脑就不支持了。这是因为他的大脑是处于千疮百孔的状态。由于他多少年来,甚至是十几年来,都不能科学饮食,都是偏食的、厌食的,不爱吃蔬菜的,这就使大脑长期处于千疮百孔的状态。你的孩子学习时间用得很多,作为妈妈也天天陪着他,然后还抱怨孩子贪玩。实际孩子根本就没有玩什么,没有玩多少,也费了那么多时间,甚至比其他孩子用在学习上的时间更多,但是就是没有学习好。原因就在于他大脑的神经系统不能正常的运转了。之所以不能正常运转,实际就是饮食出了问题。我们说从儿童的大脑需求来谈饮食,这样,大家就全明白了。

接下来,我们再思考这样一个问题:我们的孩子为什么不愿意吃蔬菜?为什么不愿意吃水果?为什么会偏食?这是因为我们在养育自己的独生子女时出现了错误。比如在饮食方面,孩子出牙的时候,甚至牙都出满了,家长还喂他流食,觉得这些东西有营养,把孩子吃得胖胖的,不让孩子吃那种粗制的食物,这样,孩子就出现问题了。孩子出现什么问题了呢?这里面有一个牙齿的问题。从人类发展来讲,孩子牙齿一出,就应该让孩子吃一些硬的东西,让他去啃萝卜条、苹果片。他啃这些硬的东西,对他的牙齿就是一个锻炼,可以促进牙齿快速萌出。但是我们大多数家长,在这个时候还喂孩子流食。这样,孩子就错过了这个关键期——孩子牙齿啃硬东西的关键期。接下来,孩子就不愿意吃硬的东西。当你的孩子很大了,他也不愿意咬蔬菜,他觉得咬到嘴里不舒服。这是家长养育孩子时出现偏差造成的。我们很小的时候条件不好,什么能吃就往嘴里塞,什么都去咬。这样去咬,倒有好处了,在这个关键期牙齿就锻炼出来了,就什么都能吃了。这是我们有些家长不知道的。这个关键期错过了,孩子就不愿意吃蔬菜了,他已经养成了这样一个习惯。那么是不是孩子永远也不能吃蔬菜呢?不是的,有些孩子在这里听了这个课,明白了饮食对他大脑的意义,他就会积极地去吃蔬菜。我们的很多孩子都是这样改变的。

⊙ 蔬菜饮食科学

蔬菜里面含有大量的果糖,这种果糖吃到肚子里面,15 分钟之后就变成葡萄糖,这正是大脑需要的葡萄糖。孩子从饮食中能得到葡萄糖,主要来源于蔬菜,当然米饭、谷物也含有葡萄糖,但是这个转化时间非常长,且转化率比较低。因此,我们要让孩子多吃蔬菜,增加葡萄糖。此外,蔬菜还含有大量的维生素、矿物质,这都是大脑神经系统需要的。如果孩子能经常大量的吃蔬菜,孩子的大脑就会灵光,就会好用。

一、蔬菜选择的问题

(1)选择绿色蔬菜。绿色蔬菜里面含有丰富的钙质。

(2)选择生长期长的蔬菜。如白萝卜、胡萝卜、土豆、冬瓜、包菜、大白菜之类的,这些蔬菜的生长期都比较长,它们的营养素比较充足。那些速生菜很快就长高了,当然也有营养,但是它不如生长时间长的蔬菜。

(3)多种蔬菜搭配。市场上有二三十种蔬菜,那你一定要换着吃,你可以早晨吃这个菜,中午吃另一个菜,晚上再换一个菜。不能根据偏好只吃其中一两样,这样获得的营养素不全。我们说要吃多种蔬菜,是保证大脑获得那五十多种所需的营养素。

(4)选择新鲜蔬菜。新鲜蔬菜营养价值高,营养素没有破坏、流失前吃效果比较好。

二、食用的方法

对于蔬菜食用的方法,大家可能懂一些。有些蔬菜不能煮得太熟,差不多就可以,时间太长,就会损失蔬菜里面的营养素。有些蔬菜,孩子可能不喜欢某种烹调方式,但是你变个花样做,他可能就会喜欢。比方说有一种蔬菜,你炒熟的孩子不喜欢吃,那你就想办法,把菜剁碎了,然后包成包子,孩子就会吃。这是家长做菜方式的问题了,改变烹调方式,这需要家长去动些脑筋。

⊙ 高蛋白的饮食科学

大家都知道,蛋白质含量高的食物包括鸡肉、猪肉、牛肉等,还有海产品、鸡蛋,等等。孩子要想学习好,记忆力强,他的大脑就要不断分泌大脑内啡素,这种内啡素就是蛋白质构成的。另外人体需要二十几种氨基酸,其中有八种氨基酸在人体里不能自动合成,必须靠吃蛋白质食物才能合成。因此,缺少足够的蛋白质,人就会得病。

在一般的科普书上都会介绍说"多吃蛋白质",这句话是不科学的。蛋白质必须吃,但是不能多吃。一个体重 50 斤的孩子,一天吃一两肉是合适的。因为蛋白质很难消化,并且会增加身体排泄功能的负担,可能还有一些其他问题。如果孩子中午大鱼大肉吃,需要一下午时间来消化,会影响上课;晚上再大吃,吃完后增加胃的负担,无法做作业,还会影响睡眠。

实际上饮食习惯是和家庭有关系的,有的爸爸妈妈就是美食家,把菜做得非常可口,就大大刺激了孩子的食欲。我们说孩子没有食欲是不好的,但是食欲过分的旺盛,对孩子的学习是有障碍的,对孩子的身体也是不利的。因此,家长明白了这个道理之后,就要做一下调整,引导孩子多吃蔬菜。

⊙ 儿童不可缺少的几种关键食物

我们来谈几种关键的食物对儿童的影响。先谈大豆,也叫做黄豆。大豆所含的营养物质比较全面,维生素、矿物质、蛋白质、葡萄糖、淀粉等都有。所以,我们的儿童应该多吃豆制品,比如豆浆、豆腐、豆芽,等等。这对儿童的大脑是非常好的。

有些家庭不喜欢吃大豆,不喜欢喝豆浆,其实豆浆这种食品,不论对儿童、老年人还是中年人都是比较合适的一种廉价的营养品。另外,花生、芝麻、核桃、蚕豆这些食物,如果能经常给儿童吃,他大脑里的绝缘层就能得到很好的修复。我着重提示一下,家长对大豆一定要有足够的认识。

接下来,我们谈水果对儿童大脑的营养作用。水果对于儿童也是非常重要的,不仅含有大量的果糖,还有大量的矿物质。我们常看到西方的餐桌上都摆着水果,会感到很纳闷,为什么他们的餐桌上放水果?这就是西方人早就意识水果对人的好处。水果自然要吃新鲜的,如果有的家庭条件好,早餐时用新鲜水果榨果汁,让孩子喝一杯果汁,再吃两片面包就可以上学了。这样,一个上午他大脑的葡萄糖就足够了。为什么说早晨要榨果汁呢?因为早晨的时间紧,如果孩子拿两个苹果在那儿吃,要花很多时间,并且吃的时候,还会连带吞进很多气体到肚子里面,在他上课的时候,要把这些气体排出,就会影响他的注意力,使他注意力不集中,而喝果汁就不会有这种现象。

⊙ 儿童饮食要注意的几个问题

一、选择富含水分的食物

作为家庭主妇要选购什么菜,就要考虑这些菜最好要含水分多,像绿豆芽就含水分多。为什么要这样呢?因为这和我们人的身体有关,我们人的身体70%都是水,所以人每天必须补充丰富的水分。如果我们所吃的食物含水分太少,那么我们的身体就受不了,很多时候人身体有了问题,很有可能性就是身体缺少水分造成的。

二、食物应利于快速吸收

从饮食的原则上来讲,我们吃的东西要富含水分还要利于消化。食物要在人的胃里消化得快才好,如果消化得慢,这里面就有两个问题产生:(1)身体得不到及时的能量供应;(2)凡是消化慢的食物在胃里面存留的时间都比较长,这样就消耗了体力。

有些人不懂,觉得工作了一天,比较劳累,晚上要好好吃一顿,大鱼大肉吃完没多久就去睡。他以为这样能缓解疲劳,以为吃得好就能精神百倍。然而,第二天起床的时候,他身体依然是懒洋洋的没有力气。为什么呢?因为吃到肚子里的食物停留在胃里,整个晚上体能全用到消化食物上来了。因此,他的身体还是疲劳的。我们要吃利于快速吸收,快速消化的食物。如果你家的孩子是高三或者是初三,他要做很多作业,要做到很晚才能睡觉,怎么办呢?这个时候要给他吃利于消化的,像绿豆芽,多吃一点也没有问题。对于学习时间长的孩子,我们给他提供的食物更应该是利于消化的。

三、水果不能代替蔬菜

有些家长有这样一个错误的认识，觉得孩子不愿意吃蔬菜，就给他吃水果。这是错误的。水果不能代替蔬菜，蔬菜有蔬菜的营养，水果有水果的营养。比方说，一个西红柿的维生素就要相当于九个苹果的维生素，怎么能代替？那是无法代替的。所以说不能用水果代替蔬菜，还是要让孩子多吃蔬菜。

四、食用自己加工的食物

社会工业化程度越来越高，很多食物都是流水线加工，最后包装成各种各样的食品。比如超市里卖的果汁都是经过加工的。从营养上来讲，自己买新鲜的蔬菜，买新鲜的水果来食用是最合适的。我在这里不是说那些加工的食品不能吃，只是让大家知道一个道理，自己买来的新鲜水果、新鲜蔬菜立即做，立即吃，这是最有营养。工厂化生产的食品，它经过很长时间——需要剥皮、切开、加入添加剂、包装，等等，这样一条流水线下来，食物就氧化了，氧化了的食物就没有那么多营养了。

有一次，我在讲课的时候，说要给孩子榨果汁，有一个家长就提出来："给孩子买果汁喝行不行？"意思就是，给孩子买两箱果汁，让他喝去，自己榨果汁太麻烦。我说，这也不能说不行，但是不如自己榨的，而且买的果汁添加了很多防腐剂、抗氧化剂、色素等，这些添加剂吃了对人体不好，新鲜水果的果汁营养丰富而且好。

五、不要被商业广告误导

现代人的商业智慧已经渗透到了生活的各个层面，最典型的是广告，吹嘘到人可以不吃饭，吃他生产的那些东西就能生存。我的理解还是这样的，要想获得营养，我们还是吃新鲜的食物。比方说，我说大豆含卵磷脂，然后你不给孩子喝豆浆，而去买工厂生产出来的卵磷脂给孩子吃，我认为不妥。我们要吃原生态的食物，如果你要是受了那些商业广告的误导，去买那些广告食品，你就大错特错了。

特别是很多商业广告,都请那些高考状元、名人来做广告,说他考到状元、平时精神状态那么好就是吃了什么营养品,家长就很容易受诱惑。这里我可以告诉大家,北大、清华的孩子及全国的高考状元,没有一个是吃某个工厂生产的什么东西才考上大学的,一个都没有。所以说,大家不要被商业广告误导。

六、不食用剩饭

我们家长有时候怕孩子吃不饱,做饭做得比较多,菜也炒很多,然后这顿吃不完就下顿吃,这是不好的。孩子一顿吃不饱还有下顿,要争取都吃新鲜的。剩饭菜经过长时间的放置,容易产生对人体有害的亚硫酸钾、硫氢氨钠等有害物质,会损害人体消化系统,导致胃酸、胃胀、头晕,严重的还可能导致恶心、腹泻等中毒现象。

七、果汁、豆浆、牛奶的选择

果汁、豆浆、牛奶这三种食品作为我们常见的,也经常喝的饮品,每个人的选择、喜爱都是不一样的。有的孩子愿意喝果汁,有的愿意喝豆浆,有的愿意喝牛奶,现在的孩子都喝牛奶的可能就比较多,这三种食品哪种最好呢?如果这三样让我选择,我选择喝果汁。如果豆浆和牛奶放在我面前,我就喝豆浆。牛奶含有大量的钙,但是人体不易于吸收,人体要想吸收钙还是要吃绿色蔬菜。牛奶里面的钙质,牛吃了能吸收得很快,但人吃了吸收得就很少。美国有两万五千人做过一个的调查,发现身体含钙少的都是那些喝牛奶的人。我们家长要明白,天然食物对人的身体比较好。所以,我建议家长首先选择果汁给孩子喝,其次就是豆浆,这两种可以轮流给孩子喝。

八、儿童必须吃早餐

家长不管怎么忙都要给孩子做早餐,而且早餐一定要有营养的。如果一个儿童不吃早餐,那他的胃连续十六七个小时没有进食,这样他大脑的葡萄糖供应就不会充足。但是,现在早餐的问题被忽视得多。有的家长给孩子两块钱到外面吃,吃外面小摊贩做的那些早餐。实际上,大家可能不懂小贩这个行业,这个行业选的食物都是最廉价的,不能保证孩子所需的营养素。所以家长是要在家给孩子做早餐。

九、儿童食量不宜过大

很多孩子食量非常大,这是家庭习惯造成的。家长觉得孩子小的时候,给他吃得白白胖胖的才好,每次给孩子吃得饱饱的,这样就导致孩子食欲太大,就会肥胖。前一段时间有一个调查发现,现在五个孩子中就有一个是肥胖症。肥胖对于孩子的身体锻炼、大脑的发展及上课学习等都是不利的。如果家长是个美食家,他会每天缠着妈妈炖排骨,要求做这个好吃的、做那个好吃的,他的脑袋总想着这个事,就忘记了要读哪本书、要记住哪个知识点,他对学习的兴趣就没有了。大家要知道,过量的饮食会使人体的基因发生变异,一旦发生变异之后,像老年性高血压、糖尿病,人到三十多岁就会得这种病,这是科学研究过的。因此不能让孩子的食量过大。

十、厌食问题要重视

一旦孩子有厌食倾向,家长可以和孩子一起听有关科学饮食的讲座。这样,孩子懂得了饮食的道理之后,自然就不再厌食了。以前你督促他要怎么样来饮食,因为他不懂,就觉得你唠叨,你越督促,他越不吃。听了科学饮食讲座,他就能觉得这个和他有很大的关系了,为什么呢?因为如果他不科学饮食,他就不能学习好,他的成绩就上不去。但是需要说明一点,我说长期不吃蔬菜,孩子会注意力不集中,做作业磨蹭、马虎,等等,那是不是孩子吃了一周蔬菜这些症状就会消失呢?不会,这需要一个过程,大约三个月之后,孩子才可能有一个改变,不能着急。

Chapter 12
〈 第十二章 〉

孩子们来快乐作业

　　许多孩子的作业一般都要在家长的再三督促下，才能做完。能够开心而又独立地去完成作业的学生极少，尤其是小学生。面对这种情况，家长抱怨孩子不用功，不听话，贪玩。仔细琢磨起来，其实是我们错怪了孩子。因为孩子天生是喜欢学习的，是有学习天赋的，是有学习欲望的。

⊙ 为什么做作业不快乐

可以仔细回想一下,孩子开始上学的时候,是不是很喜欢学习,也很喜欢作业,是什么原因导致孩子后来厌学,不喜欢作业了呢?从某种意义上说,是家长和老师的功利目的和教育方法造成的。

现在社会提倡继续学习、终生学习,大多数人却不愿意学习,恐惧学习,甚至痛恨学习,这是为什么呢?来分析一下这个症结之所在,不喜欢学习,是大多数人在童年的时候,受到了学习的伤害,也就是家长和老师用"刻苦、努力、勤学、苦练"的方法,逼迫学习,使大多数人没有能够从学习中获得快乐,反而遭受痛苦和伤害。儿童时期遭到了学习的伤害,长大后就不喜欢学习了,即便是想学习,也非常吃力,非常痛苦。

童年遭受到学习伤害,使大多数人不喜欢学习,做了家长后,无意中把这种痛苦和伤害转嫁给了孩子。家长越是望子成龙,对孩子的伤害就越大,甚至有的达到了残酷的程度。所以说,孩子不喜欢学习是家长和老师造成的。

家长和老师是如何使孩子不喜欢学习的呢?在大多数家庭里,孩子的作业,都是在妈妈或爸爸的督促下或者是与孩子不停争吵的情况下完成的,家长让孩子快点做作业,认真做,做对,做好,而孩子面对作业,面对家长一贯性的嚷嚷,心情烦躁,神情焦虑,根本不可能,更谈不上专心地去完成作业。孩子一会儿想溜号,一会儿自己偷偷玩,一会儿又做错重新再来,给家长的感觉是在磨洋工。

家长为了让孩子学习好,好好做作业,什么招数都用上了,开始是许诺、贿赂、哄骗,时间长了,这些不管用了,那么就来武的,不是威胁,就是责骂,甚至拳脚相加。作业本来是孩子的事情,结果倒成了家长的负担。家长也很无奈,如果不看着孩子做作业,完不成作业,就会遭到老师的"通牒"。每次作业都要到很晚,孩子和家长都精疲力竭,孩子每完成一次作业,家长就像打完一次战役一样,苦不堪言;孩子每做一次作业,都遭受到心灵和肉体的痛苦,家长与孩子关系也不断恶化。真是可怜天下孩子!可怜天下父母!

说孩子不喜欢学习是家长、老师造成的,有许多家长、老师不能接受,因为您对孩子的伤害是无意识的,可能有家长会反问道,谁不想使孩子喜欢学习呢?谁愿意去伤害自己的孩子呢?但孩子不喜欢学习、孩子受到了伤害是现实,家长和老师也很无奈。为什么会是这样呢?因为家长和老师在教育孩子的过程中,没有采用科学的教育方法,而是信奉"学而不厌,厌而不倦"的信条,由此造成了孩子厌恶学习,厌恶作业,长此以往,使孩子患上了"厌学症"。

那么,家长和老师这种方式方法,又怎样会使孩子患厌学症的呢?这里有一个科学道理,一般不被家长和老师所知。那就是,每当孩子不愿做作业的时候,家长会逼迫孩子,甚至打骂孩子,致使孩子产生焦躁情绪,孩子因此生气、流泪、痛苦。孩子今天学习痛苦,明天学习痛苦,天天学习,天天痛苦,天长日久,于是孩子的大脑里就形成了"学习—痛苦"的连接。从此,一提学习,孩子就痛苦。这种"厌学症"是家长对孩子"训练"的结果。

⊙ 掌握快乐作业科学方法

如何让孩子喜欢学习,快乐作业呢？介绍几种完全能解决上述问题的学习方法,就叫它"快乐作业科学五法"吧！孩子的作业问题,苦恼着很多家长,也伤害着许多孩子,更是孩子厌学的重要原因。这个问题不解决,孩子无快乐可言,家庭无快乐可言。

方法之一:先吃水果 后做作业

孩子放学回来,不要急于要求孩子做作业,可以让他先吃水果,边吃水果边休息。然后再让孩子做作业。为什么要先吃水果呢？因为水果里有果糖,果糖吃了后,很快就变成了葡萄糖(即血糖),葡萄糖是大脑工作时需要的能量。除此之外,大脑工作时还需要氧,氧正常呼吸就可以得到。人体中三分之二的葡萄糖都是用来供应神经系统的,而通常饮食中的葡萄糖含量又不高,所以,葡萄糖要不断地补充。孩子学习了几个小时,大脑累了,肚子也饿了,身体的葡萄糖也消耗得差不多了,需要及时补充。孩子在休息了十五到二十分钟后,大脑也补充了能量,很快就兴奋起来,做起作业来,就会得心应手。

方法之二:先做作业 再吃晚饭

不同的家庭吃饭的时间是不同的。选择先做作业再吃晚饭是科学的。人人都有这样的感觉:在饱餐一顿后,反而觉得精神不振,懒洋洋的,昏昏欲睡。为什么这样呢？原来,吃到胃里的食物,不是吃完就完事,而是人体还需要对这些食物进行消化,消化食物需要能量,这样一来,大脑处于供血不足状态,如果在这个时候,家长催促孩子快去做作业,孩子是不情愿的。即使硬让孩子做作业,他的大脑工作效率也会很低,注意力会分散,也会厌倦作业。有时会看到,孩子做一会儿作业就去喝水,做一会儿作业就去洗手间,磨磨蹭蹭,原因就在于此。因此,先做作业后吃饭是有道理的。晚饭什么时候做,什么时候吃,家长是可以控制的。家长最好在孩子看动画片的时候做饭。如果孩子做作业时,家长做饭,孩子嗅到饭菜的香味,食欲就上来了,做作业就不会专心。有的家庭如果必须先吃饭,就要在晚饭后,让孩子多休息一会,食物消化差不多了,再做作业,这样也是可以的。

方法之三:作业在前"好事"摆后

每个孩子都有他最喜欢的一项活动,或看动画片,或游戏,或搞体育活动,或找小朋友玩耍。假如你的孩子最喜欢看动画片,可以让他看,但必须在做完作业以后看。如果以前没有这样的习惯,读了此书后,你和孩子就可以达成协议,假设动画片是在下午6点播放,孩子就要在5点开始做作业。达成协议后,写在纸上,家长和孩子共同签字,贴在门上,孩子每天遵守协议。在这里告诉大家,教育孩子的过程,就是和孩子不断达成协议的过程。如果一个协议不合适,再重新签订。随着孩子一天天长大,他的自律品质也就形成了,并且他就会明白学习是自己的事情不是家长的事情。

为什么要"作业在前,'好事'摆后"呢?原来,孩子做作业的时候,它的大脑神经系统高速运转,做完作业,孩子非常疲劳,非常痛苦,有的孩子脸色都发白。孩子要抵抗很多不利因素,才能最后完成作业。在做完一件疲劳的事情后,然后再让他做他最喜欢的事情,就等于给他一个安慰、一个奖赏。下次再做作业他就有了一个美好的期待,于是做作业的积极性就高了。

如果你不这样安排,情况将是这样的:孩子放学回到家,直接按下电视机的按钮,打开冰箱就喝饮料,接着坐在沙发上看电视,电视看完再打游戏,再过一会儿和家人吃晚饭,饭后再磨蹭一会儿,又洗漱,结果到了快要睡觉的时候,作业还没做呢。此时让孩子去做作业,他就提不起精神了。也就是他把你家里能享受的都享受完了,再让他做辛苦的劳动,他就没有了冲力,也就是,作业前边没有什么好事情等着他了,他也就没有了做作业的动力了。再加上由于孩子作业多,时间已晚,又受身体生物钟的控制,作业无法完成,长此以往,孩子就会进入到恶性循环状态,所以,必须遵守"作业在前'好事'摆后"的原则。

方法之四:做一会儿 玩一会儿

继续和孩子达成协议:允许孩子做一会儿作业,玩一会儿。这可能与家长的教育观念相抵触。现在讲一讲为什么要做一会儿,玩一会儿。当孩子用心做作业的时候,他的大脑神经系统高速运转,一年级的孩子大约在不到 10 分钟的时候,他大脑的葡萄糖就供应不上了。如果不主动终止大脑的工作,大脑就会由于缺少葡萄糖而形成压力,大脑为了转移这一压力,它就会指使孩子去玩。此时的玩,完全是大脑的自我保护。家长不懂这里的科学道理,一看到孩子边做作业边玩,就气不打一处来,于是就斥责孩子学习不用功,总贪玩,不是好孩子!这样对孩子的批评和责怪是不公平的。

在明白上述科学道理后,家长应该主动在孩子学习疲劳前,终止学习,开心玩一会。根据孩子年龄的大小,确定做作业和玩的时间。当孩子玩了八至十分钟后,他浑身的血液又循环到大脑,大脑得到了葡萄糖的补充,又有了精神,然后再继续做作业,做一会儿,再叫他出来玩,这也就是通常说的劳逸结合。

这里有个在什么地方玩,玩什么的问题。不能让孩子在做作业的地方玩,那是学习的地方,要玩就到别处玩。家庭条件好的,可给孩子单设个游艺室,专供孩子玩。如果孩子在做作业的地方玩的时间长了,一到那个地方,他玩的大脑神经系统就会被击活,孩子做作业就没有了劲头。孩子玩什么?不能让他玩游戏,也不能让他看动画片,他可以看图画书,可以聊天,可以在地板上打个滚,或者是静坐一会儿。

孩子主动快乐地学习一会儿,轻松快乐地玩一会儿。玩一会儿,学一会儿,慢慢孩子就进入到良性循环,即学习一会儿,快乐一会儿;快乐一会儿,学习一会儿,于是孩子就会感觉到学习是快乐的,在他的大脑里慢慢就形成了一个神经链的连接,即"学习—快乐"的连接。孩子一学习就快乐,最后发展到能从学习中获得快乐的最高学习境界。随着时间的推移,孩子一天天长大,孩子学习的时间逐渐延长,家长所希望的那种"刻苦学习"的精神,在孩子身上就体现出来了。从此,孩子会把学习当做自己的事情,不用大人操心,孩子的独立学习能力也就培养起来了。

在学习这件事情上,或者在学习的每个环节上,都让孩子获得快乐,孩子就能养成良好的学习习惯;在学习这件事上,或者在学习的每个环节上,都让孩子获得痛苦,孩子就不能养成良好的学习习惯。

方法之五:背景音乐 缓解疲劳

选择古典音乐作为孩子做作业时的背景音乐,效果很好。因为古典音乐旋律优美,没有歌词,可以屏闭儿童大脑的杂念,有心灵清静、心情愉悦的功效,还可以缓解疲劳,提高作业效率。有需要的朋友,可以从下面的网站上下载

http://www.sciedu.com/article/15/index.html

世上最坏的事莫过于让一个民族的孩子都厌恶学习,同样,世上最好的事莫过于让一个民族的孩子都喜欢学习。

Chapter 13
〈第十三章〉

还孩子左右脑一个平衡

现在的教育体制规定，孩子在学校用大量的时间学习数学、语文、英语，这都是属于左脑负责科目，而属于右脑负责的音乐、美术、舞蹈等，课程设置非常少。这样一来，儿童的左右脑开发就失去了平衡。作为家长，我们不能左右学校教育，但可以利用家庭教育，对学校教育进行补充。因此，我们在家庭教育中要注意孩子的右脑开发，以使孩子实现左右脑平衡这一理想教育。

⊙ 千万别忽略孩子的艺术脑

1. 儿童是艺术学习之天才

人的右脑被科学家称之为艺术脑,专司美术、音乐、舞蹈等艺术方面的职责。艺术家往往被称作右脑人,他们的艺术才华往往在儿童时期就显露出来。如音乐天才莫扎特,4岁开始学习钢琴,6岁就成为震撼世界的音乐家。类似这样的例子还很多。科学证明,儿童都是艺术学习的天才,他们都具备成为艺术家的先天条件,如果有好的学习方法指导,成为艺术家不是什么奢望。日本小提琴教育家凌木镇一以一己之力,在短短几年内培养出了成千上万个莫扎特式的小提琴家,他的实践活动,充分证明了儿童是艺术学习的天才。

2. 上大学不是唯一之目标

说来也很奇怪,我们家长一方面限制孩子的艺术追求,同时也在思考着孩子的未来发展,为孩子的前途做打算。不过,我们绝大多数家长,都是按照大人的价值观来为孩子设计前途的。而没有按照孩子某方面所独有的艺术潜能和欲望,来安排孩子的学习。比如孩子说:"妈妈,我要画画。"妈妈就思考了:学这个有什么用?能考大学吗?还不如学写字,于是就回绝了孩子。当孩子说:"爸爸,我要学跳舞。"爸爸就想了:跳舞有什么出息?舞蹈是我们能学的吗?我们还是好好学习语文和数学吧,学好这些以后好考大学。于是孩子的艺术追求被阻止了。

家长总怕孩子的业余艺术爱好耽误学习,耽误上大学。可是等到孩子上了小学三四年级以后,你会发现孩子学习成绩也不很突出,不及格的现象还时有发生。而孩子喜欢的兴趣爱好,家长也没有让他得到发展。孩子要想得到的,你没有让他得到;你想得到的,孩子也没有让你得到。这种情况概括了现在中国家庭教育的基本模式。那为什么会产生这种令人遗憾的僵化的教育模式呢?我认为有这样几种原因:

(1)多数家长都不尊重孩子。孩子要做他喜欢做的事情,而家长却要用功利的价值观,来决定孩子的学习内容和发展方向。因为我们大人从小就没有被尊重,于是我们在自己的潜意识里,把这种不尊重传递到孩子身上。这是目前中国父母,在教育孩子的方法上所存在的一个极为严重的问题。

(2)我们对某些教育观念和对孩子的前途有一种错误的认识。例如,家长认为孩子的终极目标是上大学,只要能考上大学,将来的一切就有保障。这显然是落后的想法,今后即使是大学毕业生,也不可能都有十分优越的工作可做。这和20年前、30年前不一样。那时我们国家文化层次普遍比较低下,只要有高中文化就可以在政府部门或企事业单位工作。现在不同了,以后更不同,硕士生找不到工作也是常事。如果抱着我们孩子能考上大学就是我们的教育目的,那是极其错误的。如果我们限制了孩子某些方面具有特质的才能,而强制孩子从某一个方面去努力,即使考上大学,那也是一个平庸的大学生。那种认为只有读大学,才有成功人生的看法,已经过时了。

(3)我们不习惯尊重孩子的智力优势。我们的孩子喜欢什么科目,说明他的大脑可能就有这方面的才能,并且可能具备这种心理和生理素质,十分有利于向那个方面发展。"冰上蝴蝶"陈露从小就喜欢花样滑冰,父亲满足了她的艺术欲望,并加以合理培养,最终使她成为世界冠军。

3. 关注孩子大脑之优势

我们家长对孩子的智力特征不十分了解。根据科学家研究,人的大脑有7个智力中心,语言智力、数学逻辑智力、音乐智力、空间和视觉智力、运动和舞蹈智力、人际智力和内省智力。这7种智力,每个孩子都有。不同的孩子,具有不同的优势智力,这也是孩子的个性和特长发展趋势所在。比如,他的视觉智力发达,他就可能喜爱画画;他的逻辑智力发达,他就可能喜欢数学;他的音乐智力发达,他就可能喜欢音乐。我们尊重了孩子喜好,我们也就是尊重了他的智力,也就尊重了科学。对于孩子朝思暮想的爱好,我们家长要给予鼓励和支持。来自北京的一对夫妇,老来得子倍加珍惜,孩子非常可爱。他妈妈说:"我儿子要上房我就给他找梯子。这个孩子喜欢相声,妈妈看出了孩子的语言智力优势,就鼓励孩子拜师学相声。家长尊重了孩子的兴趣,孩子就获得了快乐,结果孩子在相声方面迅速发展。孩子喜欢什么,他才能在那个科目上获得成功。如果孩子不喜欢,我们花多大的努力,孩子也难以成功。"中华网在深圳的时候,我结识了几个朋友,后来我发现,网络公司的许多人,都不是学习计算机专业的,其中一个是学生物的,一个是学医学的,一个是学野生动物的。他们在本专业上都没什么造就,而在计算机上却获得了成功。在与他们交往中,才知道他们在中学时就喜欢计算机。"爱好是最好的老师",这种例子实在太多。我们家长应转变教育观念,尊重孩子的自我选择。

4. 右脑是开发智力之关键

过去,由于贫穷,人们在温饱线上徘徊,学生在学校里只能学习语文、数学等。想学艺术特长课,没有钱买乐器,如手风琴、小提琴、钢琴等,有钱买乐器也没有老师教。所以我们老一代的家长大都没有什么业余爱好。现在国家的经济发展了,孩子们赶上了好时代。他想学习什么,就可学什么。如果没有偏见,应该满足孩子的愿望。但是有的家长自己没有什么业余爱好,却总认为孩子喜欢的都是杂七杂八的东西,和正经学业关系不大。抱着这种错误观点和错误看法的大有人在。

我们家长应该明白,业余学习和学校的学习是不矛盾的。比如,学校要举行音乐会,我们的孩子会演奏小提琴,他就可以上台演出,获得掌声后,他就充满了自信,回到课堂上,他就更加会好好学习。另外,有很多艺术学科,都是开发智力的,其中音乐最为典型。一个孩子学钢琴,刚开始如果占用大量时间,可能会影响文化课学习。当孩子跨过钢琴比较难的练习阶段后,其他学习进步就非常快了。

音乐是右脑负责,通过音乐开发右脑智慧是一大有效的途径。德国人的经验充分证明了这一点。在古典作曲家排行榜中,前10人中就有9人来自德国。在德国,音乐是人们生活的主要部分。一个年轻人一周要听16-17个小时的音乐。许多人都会乐器,不会乐器者被看做是落伍的人。德国人口很少,但获得诺贝尔奖的人数在很长一段时间居世界第一位,直到二战后才排在美国之后,成为第二,现在仍然第二。

比方说我们做数学题或者写作的时候,放一首我们喜欢的古典音乐,那么右脑就会被激活。左脑发生困难的时候,右脑就将智慧通过左右脑的桥梁传送给左脑,使左脑的效率大大提高,同时也不感到疲劳。许多科学家都拥有音乐这把钥匙。爱因斯坦就是小提琴手,李四光就会作曲,华罗庚夫人就是钢琴家,据称他的优选法都和夫人的钢琴声有关。

我们已经知道,右脑是人类的智慧库,人类要解决科学问题必须借助右脑的帮助。许多科学家就是积极调动右脑和使用右脑的能手。可以说右脑创造了智慧,智慧创造了知识和财富。孩子学习音乐艺术的过程,就是激活右脑的过程,从而达到培养他们的创造能力的目的。我们现在提倡创新教育。全世界的教育经验说明,创新教育是一个国家或民族繁荣昌盛的保证。我们培养的大学生,如果没有创新素质,毕业后不但不能为国家创造财富,反而给国家带来就业压力。如果有创造能力,他毕业后就可以开创工作新局面,走别人没有走过的路,打破陈腐观念,独树一帜。所以说,许多科学家不仅在科学领域有卓越的贡献,而对艺术也有浓厚的兴趣爱好。艺术对科学可以起到四两拨千斤的作用,从某种意义上说,艺术为科学研究提供了创造源泉,从科学角度出发,我们要支持孩子的艺术兴趣爱好。

5. 艺术是人生快乐之源泉

对一个孩子来说,如果除语文、数学以外,他没有什么其他爱好,对周围的事物没有什么兴趣,对什么事情也无所谓,对生活没有什么追求,处于麻木不仁的状态,那么他的生命就缺乏应有的快乐。我们培养孩子要让他有出息、有作为,同时更要让他有幸福和快乐,而学习艺术就是创造幸福生活和快乐人生的最好途径之一。

我们人类的生存历来都是为了趋利避害。趋利避害是说,我们人人每时每刻无不在寻求快乐,而避免被伤害。人生获得快乐的方法很多,大体可以分为两类。一类是用消极的方法追求快乐。一类是用积极的方法追求快乐。那些用消极方法获得快乐的,如赌博、嫖娼、酗酒和吸毒等。用这类方法获得快乐者对自己、对他人和对社会极为有害。另一种获得快乐的方法就是对艺术兴趣的爱好和追求,如文学、音乐、美术、体育、科学和摄影等。

假如我们的孩子什么艺术兴趣爱好都没有,当他长大成人后,获取人生快乐的方式就有可能朝着第一类寻求快乐方面倾斜。有一项调查证明了这个事实:在所有的职业中,犯罪率最低的是从事音乐职业的人。因为他们从音乐中获取乐趣已足矣。这说明,如果人们有很好的兴趣爱好,他就不必用损害自己和别人的方式来获得人生快乐和人生幸福。比方说,一个人爱好摄影,他就会在这方面努力实践,利用一切可以利用的时间,到大自然中去捕捉最美好的画面,留住精彩的瞬间,从中获得快乐。而你如果没有任何艺术爱好,就会每天无所事事,无聊至极,也谈不上有什么快乐而言。

现在我们的经济发展了。孩子们有接受多方面教育的条件和兴趣培养的条件,他们也应该有美好的人生,有美好的未来。这也是为什么我用了这么大的篇幅,来论述艺术兴趣的重要性的原因。

⊙ 家长需做好心理准备

既然我们知道孩子学习某项艺术科目,对孩子的智力开发、创新思维、修身养性、高尚情操、人生幸福,都有很大的好处,我们就要积极支持孩子学习他感兴趣的艺术特长。接下来,我想根据我对才艺学习所知道的一些方法,来和大家分享,在这里我仅以钢琴为例,谈一些原则性意见,仅供家长参考。其他才艺科目的学习方法也可借鉴。

1. 最佳年龄

关于孩子学习才艺学习的年龄问题,不一而论,学习音乐,一般四、五岁为最好。孩子大了,还能不能学呢? 当然能学! 我是这样认为的,通过才艺学习,提高孩子右脑的利用率,开发右脑潜能,全面挖掘孩子各方面的智慧,培养孩子的艺术兴趣爱好,千万不要有学钢琴就成为钢琴家的思想。一万个学习钢琴的孩子,不一定有一个钢琴家产生。孩子大,也可以尝试。比如,庄则栋的前夫人就是一位钢琴家,她是十几岁之后才开始学习钢琴的,也成了钢琴家。

2. 科目选择

根据孩子的天赋或特点选择他喜爱的才艺科目。孩子如果小,他自己不知道他喜欢什么,我们家长也不知道,你可以让他去尝试,去接触,也可以让他到培训班去看看,看他对钢琴感兴趣呢? 还是对小提琴感兴趣? 是对舞蹈感兴趣呢? 还是对下围棋感兴趣? 让他自己去体验。一旦孩子喜欢上某一科目,家长也顺着孩子的兴趣,和孩子一起关注他喜欢的科目。这里强调的是,不要以家长的喜好来武断地为孩子选择科目。

3. 观摩表演

如果孩子喜欢了钢琴,我们家长在全力支持他的同时,要做些心理准备工作,首先自己要研究学习钢琴的知识;你也可以请教学习过钢琴的家长,然后,也可以到书店买些相关的书籍;最重要的是,要把孩子带到老师那里去,让孩子观察老师是怎么教的,小朋友是怎么学的。这样的观摩要有三四次。一个月左右,你发现孩子确实喜欢钢琴,也能看到他有信心。当孩子对弹钢琴的欲望增加到相当高的程度时,才开始让孩子学弹琴。这个过程一定要有,否则会有始学终弃的可能。在这之前可以让孩子掌握乐谱,学习视唱,但就是不让他摸琴。你可以给孩子买来和教材相配套的音乐磁带,每天反复播放。此外还有钢琴录像带或光碟,也可以让孩子看。家长也可以和孩子一起学习。经过一段时间,根据孩子对学钢琴的迫切程度,再确定是否要买钢琴了。

4. 拜师学艺

接下来就是拜师,即领孩子去找辅导老师。老师应该是专业化的,也就是说这个老师的钢琴技术水平很规范,这样你的孩子一开始学习,无论是指型,还是姿势等,各方面都是正确的。如果老师专业性不是很强,孩子的学习就会出现偏差。还有,这位老师应该性格温和,他和孩子能有一种沟通能力。可能有的家长认为,应该送孩子到比较严厉的老师那里去。我认为大多数孩子是不适应比较严厉的老师的,特别是那些没有笑容的老师。但这样严厉的老师,可能极少数孩子能适应,比如,孩子天资比较好,自制力很强,老师留的作业都能一丝不苟地完成。如果你的孩子具备这种心理素质,那么选择这样严厉的老师还是可以的。但是我们的大多数孩子都很小,一学就需要几年,他所需要的是耐心的帮助,这样看,温和的老师比较好。

5. 积极暗示

前面谈过暗示,有积极的暗示和消极的暗示两种。比如,你的孩子开始练钢琴了,你会对孩子说:"钢琴太难了,你必须刻苦学习,必须多练,每天不练四五个小时,是不能学好的。这是消极的暗示。我们应该积极的暗示,你可以这样说:"儿子,钢琴是个优美的乐器,曲子非常好听,非常容易学,只要我们按照老师所教的去学去练习,我们就很容易学会。这就是积极的暗示。还有这样的情况:你的孩子学习弹钢琴,亲属都知道了,于是,舅舅来了,说:"王刚,你爸爸给你买这么贵的钢琴,你可要好好学啊。"过两天,姑姑来了,说:"王刚,这回就看你的了。"整个家庭和亲属都对孩子这么说,那就不好了,这无形中给了孩子很大的压力。孩子也不明白是怎么回事"平时这些人不说这样的话啊,他们怎么了?我不就学习钢琴吗?我喜欢学,爸爸不是自愿买的吗?"于是他就可能有点惊慌,觉得我还是不要学了。这给他继续学好钢琴可能带来副作用。

相反有个美国人,他的儿子出生两周了,还没有名字。一天他上街碰到了朋友,朋友问他给孩子起了个什么名字?他就说还没有给孩子起。这个朋友说就让孩子叫爱瑞尔吧,以后他能成为歌唱家。因为爱瑞尔是美国人人皆知的歌唱家。当时这个朋友似乎是无意说的。但是,这位父亲回家后真的给孩子起了爱瑞尔·宝沙的名字,后来这个孩子居然真的成了美国著名的歌唱家。

我们给孩子一个美名,给孩子树立一个成功的目标,孩子就会朝着这个美名和目标前进。

⊙ 家长需要做好技术支持

1. 温馨练琴环境

孩子学习钢琴,一般家长要领孩子,到老师家里上课,上半个小时后,老师留好作业,然后家长领孩子回到家,让他自己练习。每天练,每天练,然后一周后再到老师那里上课。老师要检查上周的作业,接着教学,最后留作业,基本是这样的程序。

一般孩子开始练习钢琴的时候,我们要给他创造非常好的环境。如果有条件可以在一个单独的房间做琴室,如果和孩子的卧室在一起,最好用屏风隔开。琴室的墙壁要可以按照孩子的意愿张贴一些他喜欢的图片,琴室里不能放类似电子玩具,女孩喜欢的毛绒动物,可以摆在钢琴上,让她感觉她是在给那个动物在演奏,也可以不放。

孩子第一次练琴,要特别注意以下方法。首先鼓励孩子:我们终于开始学习钢琴了,妈妈为你有这样的老师,有这样的钢琴感到高兴,妈妈希望你能喜欢学习钢琴,希望你能学会一些曲子,妈妈和爸爸欣赏你的曲子。第一次练琴,孩子也很快乐,他也会向你表达他此时的感受,于是你们母子拥抱一下,然后就让孩子上琴了。孩子开始弹琴是快乐的,这非常重要。我们最好让孩子独立地练琴,如果不能独立地练琴,可能妈妈要陪着,如果妈妈会五线谱,可以对孩子进行适当的指导,如果不会,只能靠听,靠看。第一次练琴,孩子都是练习音节,很简单,他很快就按照老师所教的技巧和方法练习会了,这时就可以终止了。可能孩子第一次弹琴会非常高兴,他要把明天和后天的作业一口气弹完,家长正确的做法是劝止,其中的道理如同好东西不能吃多一样,吃多了以后就不喜欢了。

孩子第一次练琴,我们为孩子创造温馨环境,每次弹琴让他都快乐。也就是说,孩子应该在非常快乐,没有压力,没有任何不安全感的情况下,才开始练琴。道理在于:他练琴是他的一项课业。他的课业能在快乐的时光里度过,那么,在他的大脑神经链中,他会把课业和快乐连接起来了。孩子形成了条件反射:我练钢琴——我快乐。形成这样的心理机制,孩子就愿意练钢琴,否则相反。

但是,我们往往会发现,有的家庭不是这样的。比如,你可能对孩子指手画脚,你可能督促他这样弹,那样弹,你也有可能不顺着孩子的想法去做,你和孩子在弹琴这件事上,一开始就产生分歧。

我们往往见到这样的情景:晚上八点了,孩子到了练琴的时间。孩子不上琴,你要唠叨他,你要训斥他,你要骂他。孩子开始弹了10分钟,就停下来。你于是就呵斥他。你觉得孩子的学费太贵了。一个月数百元,如果孩子不好好练,就等于白花钱。于是你再延长孩子的练琴时间,这样孩子就开始痛苦了。孩子开始是愿意弹琴,但经过一段不愉快的日子后,发现弹琴是个痛苦的事情。原来他在电视上看见小朋友弹钢琴,双手动作使人眼花缭乱,优美的乐曲使他激动不已。他也希望自己能像那样的小朋友。当他实际练习得时候,发现太痛苦,于是他就想:以前妈妈很爱我,很疼我,我很快乐,我们母子的感情也很好。自我弹钢琴后,我们家里的环境变化了,我是被骂的对象,我是被呵斥的对象,我是被白眼的对象,每天我都痛苦极了。这都是由于学习钢琴造成的。孩子得出结论:学习钢琴是痛苦的。然后在他的大脑神经链里就进行了连接:学钢琴——痛苦。随着时间的延长,这个神经链越来越粗,一说弹钢琴,孩子就痛苦,一看钢琴,孩子就犯难,一练钢琴,孩子就痛苦,以后就只有厌弃的份儿了。

2. 建立练琴心锚

优美的旋律,稳健的节奏,动听的琴声,使孩子沉浸在快乐的音乐之中,在这样的状态结束练琴。此时,孩子快乐,你也快乐,你接着要赞美孩子,这时你要和孩子做一个动作:你让孩子举起右手或双手,你也举起右手或双手,你们一齐击掌。到第二天练琴结束,你们也很快乐,再以第一次同样的方式击掌。几次之后,开始练琴前你也以这样的方式和孩子击掌,练完琴,再击掌。这是什么?这是一个行为科学。你和孩子一击掌,就刺激了他的神经系统,尽而调动起孩子的快乐情绪,他也就进入到自信和音乐陶醉的优美状态,激起他练琴的情趣,于是孩子就愿意继续坚持练琴。每当孩子练完琴,与他击掌,这也是对他的鼓励,对他的赞美,对他的支持,对他深情的关爱。这是非常好的一个方法,所以,我们的家长,不论我们孩子学习什么,如果能按照我讲的这个方法去做,我们的孩子将来仅仅考上大学的目标就显得太低了。希望家长这样去尝试。你也可以不用击掌的方式,拍他的肩膀也可以。不论是击掌还是拍肩膀,都必须固定一个位置,以后不要改变。反复做,就形成条件反射了。这个过程,用心理学术语说,是建立"心锚"。心锚一旦建立,就可以不断使用这个方法激励孩子,这个心锚相当于"激励按钮",家长应该认真建立,积极使用。

3. 开始练琴求准

钢琴是一个很严格的训练科目。开始学习,不要求速度,要求质量。如果孩子弹得准,姿势正确,以后的学习就不受搓,进度也快。同时边学习弹,也要掌握乐理知识。有的孩子只会弹,不懂多少乐理知识,也是不对的。当然,为了高质量的弹琴效果,要有其他一些保证。如上边谈到的那些,接下我再补充一些。

4. 缩短练琴时间

为了说明这个问题,我在这里先给大家讲个故事:

一百多年前,奥地利有一个小女孩从师学琴,老师观察了她的自然条件,考核了她对音乐的领悟及理解能力以后,问这个孩子:"你每天能用多长时间练琴?"孩子说每天至少2个小时,老师摇头,孩子说2个半小时,老师仍摇头,孩子说3个小时也行,这时老师的头摇得更凶了。他大声说:"不!不!我的意思是你没有必要练那么长的时间。时间太长了,思想就不可能那样集中,而且也不容易坚持,不时中断难成大业。"他接着说,每天只要认真练15分钟就够了。但必须天天坚持,一生都不要间断。你能行吗?孩子听了老师的话,明白了坚持比一时勤奋,"一日曝,十日寒","三天打鱼,两天晒网"更为重要的道理。她果真按老师的教导,天天练琴,从不间断,后来终于成了杰出的钢琴家。

一般来讲,家长和老师的心理,都想让孩子多学,快学。家长认为每月要付出几百元学费,那么就要有收获。老师想,我要让你家长知道,你的孩子得到的这些知识和你交的这些钱是相符的,我要让你看到孩子教材的进度是如何之快。于是就给孩子留了很多作业。由于作业太多,弹完这首,弹那首,弹完这本,弹那本,无休止地弹,孩子就感到难量太大,度太大。这就容易使孩子的练琴的情趣和积极性逐渐消退。最后导致厌恶钢琴,直至最后放弃钢琴。这样结束练琴的孩子一见钢琴就恐惧。许多孩子都曾经学过艺术特长课,如各种乐器、画画、跳舞、打乒乓球,但后来都半途而废。其原因可能就是开始给孩子的作业量太大,使他从练习的时候起,就没有享受这门艺术给他带来的快乐。

家长和老师一定要知道孩子练琴时间过长,除了孩子受不了之外,孩子练琴的质量也不能保证。由于时间长,孩子的注意力就不能集中,就会弹错。一个音符弹错,然后又弹的时间过长,于是这个错误就被"巩固",当孩子到老师那里过课时,他就过不去。老师为了保证孩子的练琴质量,必须让他重弹,即这周的作业老师不能给孩子留了,要返工上周的。这时家长的滋味就不对劲,于是就又逼着孩子继续长时间练,从而,孩子学琴就进入了恶性循环的状态。为了解决这个问题,缩短弹琴时间是对的。

5. 间隔练琴时段

对于钢琴,或与钢琴类似的才艺学习,确实需要大量的时间,没有这种童子工夫,要想成大器是不可能的。但这里有两个问题要注意,一是孩子很小,这样往往会伤害孩子学习欲望,破坏孩子的学习本能;二是我们叫孩子学习才艺,并非要孩子当钢琴家,大多数孩子只是学习一个特长而已。因此,在这里我再推荐一个方法:间隔练琴时间。

比如,孩子的老师要求他每天必须弹 2 小时钢琴,你千万不要让孩子一气就弹 2 小时,而是要把这 2 小时分开,方法是早晨弹半个小时,中午弹半个小时,下午弹半个小时,晚上弹半个小时,这样把时段分开,效果会好。如果你一气就让孩子弹 2 个小时,孩子可能很快就厌烦。为了说明这个间隔原理,我这里给大家举一个例子:

中国有一个大提琴家叫王健,现在在美国。小时候,他父亲教他学习大提琴时,一次只让他练习 5 分钟。玩够了,再练 5 分钟,孩子非常喜欢,发现练琴非常有趣。他从练琴中得到的是乐趣,而没有痛苦,于是他就沿着这快乐的道路练下去了,后来他就成了大提琴家,成了马友友第二。他采用的就是间隔法。

6. 少留练琴作业

孩子很小,开始练琴,练琴的质量,孩子的兴趣,都是非常重要的。如果家长能和老师达成协议,给孩子少留作业,是非常好的一件事。我们不是让孩子非成为钢琴家,也不能让孩子半途而废。少留作业,或者适度留作业,是应该考虑的方法之一。

本章结束前,我在这里还要强调一下,我用如此长的篇幅讲学习钢琴,并不是说所有的孩子都一定要学习钢琴,唯学钢琴独尊。而是想通过介绍孩子学习钢琴的方法,触类旁通,将其贯穿到其他所有的课程中,让孩子快乐学好每门课。

Chapter 14
〈 第十四章 〉

古典音乐会给你神奇的力量

《孝经》中讲道"移风易俗,莫善于乐",可见音乐具有教育的功能和教化的力量。家长可能习惯了用说教的方式对待子女,但无论你苦口婆心还是声泪俱下,效果却不大理想,这时如果你巧妙地借助音乐的力量,可能会看到不一样的结果,当然不是任何音乐都有这样的功效。

Chapter 14
第十四章

古典音乐念咒
神奇的力量

⊙ 古典音乐对儿童大脑的影响

1. 打开儿童大脑的潜意识

人的大脑有意识、潜意识之分,孩子上学的时候,大部分时间是用大脑的意识部分来学习,来交往,潜意识很少能用到。潜意识是人类大脑的智慧库,里边承载的知识信息要大于意识部分上百万倍。科学家们在形容意识和潜意识之分时,是这样比喻的:好像一座冰山,你看到的冰山的一角,是意识,冰山下面的部分是潜意识,这个比例是非常悬殊的,大面积的是潜意识。儿童在学习的时候,如果能打开他的潜意识,在这种状况下,他对知识的理解和记忆是非常重要的,同时也能创造性地学习、研究。潜意识怎样才能打开呢?

人的大脑是有脑电波的。正如前面讲过的脑波的频率分了四段,β 波 14 - 30 赫兹,α 波 8 - 13 赫兹,θ 波 4 - 7 赫兹,δ 波 0.5 - 3.5 赫兹,这四个波段是不断在变化的,只有当人的大脑到达 α 波状态的时候,才接近了宇宙的频率,(宇宙的频率是不变的,为 7.5 赫兹),这时人大脑的潜意识就被打开了。打开大脑潜意识有很多方法,我们这里介绍用音乐的方法。大约在六十拍到七十拍的古典音乐,最好是巴勒克时期的音乐,它就能促进儿童的大脑把潜意识打开,这种音乐就能使大脑调到 α 波状态,进而打开大脑的潜意识,孩子在理解力上、记忆力上、注意力上等就会有明显提升,即我们说的古典音乐能帮助孩子打开大脑的潜意识。

2. 增强儿童的想象力

一个孩子有没有创造力,也即有没有想象力。想象力可通过多种方式培养,古典音乐正是其中之一。孩子在欣赏交响乐,一个乐章一个乐章地听下去,大脑随着音乐的起伏在进行着想象,所以说音乐能培养孩子的想象力,也就是能培养孩子的创造力。正如很多伟人,很多大科学家、学者,他们都和音乐有关系,是音乐能帮助他们提高创造力,提高想象力。如大科学家爱因斯坦,很擅长钢琴和小提琴,他的想象力也非常丰富。

左右大脑各负其职:左脑负责:语言、词语、逻辑、数学、计算、分析、序列、符号。右脑负责:音乐、节拍、想象、联想、图形、色彩、创造、直觉。这是美国医学博士罗杰斯百瑞带领一个小组研究多年得出的结论,并在 1981 年获得了诺贝尔奖。他发现了人的左右脑各行其职,人的右脑和音乐有关系。右脑又是负责想象、联想、创造、直觉的,当儿童每天能欣赏音乐,在音乐中生活,他大脑的活动就会从左脑区域转向右脑区域进行活动,这样他的想象力、联想力、创造力都会增强,同时右脑又会对左脑的语言学习、数学学习、逻辑学习,提供一种支持,左右脑结合是学习的一种最佳方式。

3. 提高儿童的记忆效率

保加利亚有一位教育科学家罗南诺夫,他一生都在研究古典音乐对外语学习的促进作用,他的孩子一天能记忆 1200 个单词,在古典音乐的环境中他每天能记忆 1200 个单词。音乐属于听觉的信息,听觉的信息对于儿童来讲比较适合,他每天听音乐,不但不疲劳,情绪还很好,如果让孩子看很多书,孩子会疲劳。原因就在于,儿童经过古典音乐的调解,大脑进入到 α 波状态,并且比成人要快一些,要想提高记忆,必须左右脑结合,学习英语、学习语文、学习数学,都是左脑的事情,但必须有右脑帮助,才能记忆效率高,牢记不忘。左右脑结合学习效率高,正如教育科学家们说的"儿童随着音乐的旋律知识就漂进大脑去了"。

4. 屏蔽儿童大脑的杂念

我们现在的儿童承受着巨大的压力,学习压力、人际关系的压力、来自老师的压力、来自家长的压力,还有整个社会对儿童的压力,以至于大多数孩子都生活在烦恼之中。有一位朋友的孩子在上初中,他问我,孩子学习时沉不下心来,不能持久性地学习是怎么回事?实际上这样的孩子承受着很大的并且是多种压力,当孩子在学习的时候非常容易受干扰。因为他学习是用左脑,左脑最容易产生焦虑,左脑还负责斤斤计较,你争我夺,三多二少啊,利益得失啊,孩子在学习时左脑会干扰,学习不下去,心情烦躁。如果孩子是这样的话,我们一定要屏蔽儿童大脑的杂念,把这些杂念给他隔离出去。有线电视的闭路线外有一层铁丝网就是用来屏蔽外界电流、电波的干扰的,里边的铜丝是用来传递信号的,不会受到干扰。

当儿童焦虑不在学习状态,你说什么都没用的,赏识他啊,鼓励他啊,表扬他啊都没用,这些做法不能屏蔽他大脑里的私心杂念。而古典音乐却能起到屏蔽的作用。当古典音乐一响起,孩子那种烦躁的状态就会转变,那种斤斤计较,你争我夺,你好他不好啊等焦虑状态,就会从左脑引开,进入到学习的状态,我们就会发现古典音乐能起到屏蔽儿童大脑私心杂念的作用。

儿童的焦虑,随着年龄增长会越来越焦虑,一、二、三年级的孩子学习很好,到五、六年级却开始焦虑,可能还会顺延到初高中,如果孩子大脑的焦虑问题不解决,学习时,不能屏蔽他的私心杂念,学习效率就会很低,很多孩子都是吃了这个苦头。

5. 缓解儿童大脑的疲劳

我们中国儿童的学习状态,大部分都是用左脑,右脑都在闲置,而且学习量大,学习时间长,作业量又多,孩子的大脑是非常疲劳的。当我们的大脑达到 α 波状态的时候,大脑就会分泌一种物质,叫做大脑内啡素或记忆因子,同时又是缓解痛苦,缓解压力的物质,脑啡素的作用像吗啡,当大脑分泌脑啡素时,就感觉不那么痛苦了。孩子如果能经常听古典音乐,大脑就不断地分泌脑啡素,就能从音乐中自得其乐,从而缓解压力。

6. 安抚儿童的心灵

当你生活面临痛苦时,可以找一段自己喜欢的并且符合大脑频率的古典音乐来听,听后就会缓解痛苦,像这样的音乐有很多。痛苦和快乐伴随着儿童的成长,如果他的环境和他所受的教育的方式方法很糟糕的时候,儿童的心灵就会有极大的痛苦,这时就需要对儿童的心灵进行安抚,方法有很多,对孩子语言的安抚,身体的触摸,等等,这些都有利于缓解儿童心灵的痛苦,最有效的还是古典音乐,孩子和你生活十几年啦,你总跟孩子说这说那,孩子不愿听,很多孩子都说爹妈唠叨,就是这个道理,如果用古典音乐来安抚孩子的心灵,那效果会非常明显的,当然要选比较好的音乐,比较专业性的音乐。

7. 提高儿童免疫力

人的大脑要分泌一百几十种荷尔蒙,其中就有脑啡素,大脑内啡素形成时会产生一种叫做大脑的啡特内啡肽,肽这种物质是专门杀死身体内的有毒的物质的,有毒的细胞的,甚至癌细胞它都能穿一个洞,如果一个孩子经常听音乐,他的大脑就不断分泌脑啡素,身体的啡特内啡素就比较多,身体的免疫力就提高,比较健康,所以说古典音乐对人的作用是非常大的。

⊙ 运用古典音乐的方法

1. 家长带头欣赏古典音乐

中外领导人几乎都喜欢听古典音乐,科学家像钱学森、李四光、华罗庚、邓稼先,等等,他们都和古典音乐的爱好者。孩子的成长如果离开古典音乐是一个极大的损失,我们家长要带头欣赏古典音乐,孔子有一句话:"己所不欲,勿施于人。"你不喜欢古典音乐,而让孩子去听,是不行的,我们教育孩子有很多地方就是这样的,我们不学习,让孩子学习,我们不听古典音乐,让孩子去听古典音乐,这都不行。家长在硬着头皮去听古典音乐,带头听,引导孩子去听古典音乐。

2. 让喜欢音乐的儿童接触古典音乐

有些儿童天生就喜欢音乐,特别是那些听觉学习者,学习乐器的孩子。他们很容易和古典音乐结缘,这部分孩子就直接引导他们来听古典音乐。

3. 自己改造合适的音乐

儿童如果听一个交响乐,假如有四个乐章,有时候会不适应,特别是音乐很噪的部分,速度快的部分,他都不适应,如果不喜欢交响作品的孩子,让他硬着头皮听也不行,他会烦躁,给他听也没有用,最近我解决了这个问题,供家长们借鉴。让不喜欢古典音乐的孩子来喜欢古典音乐,方法就是:把上百部的古典作品中最优美的段落剪辑出来,比方说有一段,不管是中国人外国人,不管是老年人还是儿童,都非常喜欢,我们就把这一段剪辑出来,做成光碟,让孩子听,孩子就喜欢了。他不喜欢你也不能强迫他,我们就要做一种引导,首先让他集中听优美的乐段,再过渡到听整个作品,要让孩子有个适应的过程,用这种方法就比较合适了。

一个孩子如果有五六十片这样的光碟,反复播放,孩子在学习上、心情上、情绪上各种状态上都会很好。李老师还做了这个工作,把孩子一天生活的过程分成几部分:(1)拥抱阳光;(2)自信人生;(3)快乐学习;(4)缓解疲劳;(5)屏蔽烦恼;(6)安然入梦。

我们选择了六七十段古典音乐,把这些音乐又根据它的速度、音色,根据它表达的思想,对这些优美的音乐进行分组。

早晨孩子起床时播放第一组,"拥抱阳光"中的"迫不及待",让孩子进入学习的状态,他晚上睡觉时,大脑是昏昏沉沉的,他的大脑波是在下边的,我们要让孩子的大脑立即进入学习状态,进入工作状态,必须用这种音乐增强他的心脏跳动,为大脑供血,对孩子快速增氧,播放"拥抱阳光"中的"早晨的节奏",我们把所有的曲子分成六组,每一组曲子进行重新命名,早晨起床,在"迫不及待"音乐的感召下他就会迫不及待地去投入学习。

第二组"自信人生"中的"从容面对",这首曲子听起来就很自信,自信人生里的曲子大多数是稳定孩子情绪的,这些曲子都比较有实际意义,平时可以听,学习时也可以听,它的主题有一种非常稳定的成分,第二组"自信人生"中的"心灵的对话",这二首曲子里有电声,在我看来电声不是很好的,纯乐器演奏的纯音乐对孩子比较好,但它的旋律比较优美,能缓解疲劳,听一听,就能缓解不少。

第三组"快乐学习"中的"不竭的动力",孩子在这种音乐的伴奏下,就有无穷的动力。第三组"快乐学习"中的"彼岸",这个乐曲被当做背景音乐学习时,会鼓励孩子向他前面的目标前进。

第四组"缓解疲劳"中的"古老山村",一个高中生,学习工作一天是非常劳累的,让他听这些和大自然接近的音乐,很快就能从左脑转换到右脑。第四组"缓解疲劳"中的"大海的呼吸",是海浪的声音,我们的孩子每天都生活在水泥房子里边,和大自然是远离的。远古时人都是住在大森林里的,这种生活的痕迹还存在于大脑里,一旦进了原始森林的时候,大脑就回归了。我们现在的孩子生活在闹市区里,和大自然没有接触,给他这种音乐,唤醒他大脑的潜意识,或者用模拟大自然的声音来唤起人类远古的那种在大脑留存下来的基因,留存下来的那种记忆,同样也能唤醒人的潜意识,重新再组织学习,效果就会非常好。

第五组"屏蔽烦恼"中的"宁静的心灵",儿童不开心的时候,需要用一种音乐来安抚心灵,第五组"屏蔽烦恼"中的"母爱的回忆",是一首中国的曲子,第五组"屏蔽烦恼"中的"远离痛苦",孩子的心情不舒畅,要把他的烦恼屏蔽掉,音乐能起到这种奇特的作用,也就是一个孩子心情不舒畅的时候让他听音乐就比较好。第五组"屏蔽烦恼"中的"情感的表白",是一中国古典音乐曲目,这首曲子完全是用西方乐器演奏的。

第六组"安然入睡"中的"心灵的回归",睡觉前要播的一首曲子,刚才学习时,他的大脑是在 α 波状态,现在要睡觉了,如果还在 α 波状态,就睡不着觉,用这个音乐让他把大脑频率往下落,好准备睡觉,这组音乐能使大脑波从 α 波状态回到要睡觉的状态,这是比较好的。

以上我们介绍了乐曲,把这些优美的乐段编辑,连成一个小时,做一片光碟,这么多的乐段分成几组:

(1)拥抱阳光,早晨播放的。

(2)自信人生,平时孩子应该听的。

(3)快乐学习,用于学习的背景音乐。

(4) 缓解疲劳。
(5) 屏蔽烦恼。
(6) 安然入梦。

就在这样的选择下,我们的孩子就会喜欢这些音乐,而且立即对他的学习,对他情绪的调解,对他自信心培养,都会起到作用。

⊙ 古典音乐应用的几点建议

1. 让孩子喜欢古典音乐不能急

我今天在这里讲课,告诉大家古典音乐能开发智力,能使孩子记忆力提高,学习效率提高,使孩子情绪稳定,让他屏蔽一些烦恼,让他进入学习状态,听完之后,家长可能就会买一些这样的碟片,给孩子播放,播放一周之后,你可能会来跟我说,李老师啊,不行,我孩子现在还是不能安定下来学习,你要这样问呢,我就感觉到很失望了,因为这是一个过程,你的孩子必须有一个经常听古典音乐的过程,一个月、两个月、三个月,听的时间长了之后,效果最好,还有的孩子,一开始就起作用,有的孩子要慢一点儿,我们知道了古典音乐对儿童成长的意义,学习的意义,就要慢慢做这件事。

2. 书房设备的设置

家庭的视听设备很多,对一个儿童来讲,他书房不要搞得很复杂。复杂了,他每天弄这些东西就耗费了时间,要让孩子欣赏古典音乐,给他配一个影碟机和电脑音箱就行了。用编辑好的碟片让他听,就会很好。我提议书房不要放影像的设备,电视、电脑不要放,比较适合孩子,音箱一定要放在孩子的左侧,不要放到右侧,孩子左耳是听音乐的,右耳是听语言的,音箱放在右侧对孩子不利。

3. 音乐的碟片问题

听我讲了之后,你给孩子买了五片音乐,就总给孩子放这五片音乐,是不行的,我们的音乐速度快慢都有,我举个通俗的例子,我们国家南方是水稻产区,往北是小麦产区,再往北是玉米产区,不同的音乐,不同的速度,对大脑的波的振动都是不一样的,在不同的脑波情况下,孩子会有不同的智力在大脑里显现出来,如果孩子总是听有限的几片音乐,就把孩子的大脑波固定在某一波段上了,孩子就比较僵化,孩子也不愿听了,因此,要给孩子多准备一些这样的碟片。有些孩子,你准备了五十片,他不一定都喜欢,他可能喜欢其中的二十片或者三十片,这都是可能的。

家长的信

在教育孩子上我是幸运者

几个月前的我,为了孩子的教育,真是绞尽脑汁,焦头烂额,效果却不堪回首。现在想起来,感觉不知有多少辛酸,多少苦楚!几乎每个晚上,我拖着疲惫的身躯,面对有诸多学习问题的儿子,不知何去何从。那时,作为孩子母亲的我,感觉人生是一片灰暗。

这样的日子何时才是个头呀?"不能再这样下去了!"我当机立断对自己说。现在不是有很多教育成功的例子吗?我去参照看看,或许能从中找到教育好孩子的法宝。于是,我想起了以前在电视上看到的赏识教育,就在网上搜索赏识教育。在赏识教育的网站上,我被周弘老师激昂的演讲,成功的例案而征服,就好像看到了救命稻草一样,立即学习起赏识教育的理论,并不加消化地实施到孩子身上。现在想起来,那时的我就好像是个乱投医的重症病人,也可能是自己没有领悟到赏识教育的真谛。一味地赏识,结果孩子变得很脆弱,不能忍受别人任何的指责,不能面对任何批评哪怕是明显的过错。当别人一针见血地指出时,他要么去寻求解脱的借口,要么就是悲观面对,甚至是转而把自己的这个缺点当成一种习惯来张扬,以示抗议。你能想象这是一种怎样的悲哀吗?

我无奈地在 UC 的官方大厅上转悠,看到那里有很多教育的房间,就想碰碰运气,看能不能找到更好的教育。突然有几个字一下子吸引了我的眼球——"科学教育法",特别是"科学"二字,它使我联想到当今的社会提倡什么都要讲科学,或许教育也应该讲科学呢？我抱着试试看的心态进入了房间。在房间里,李老师针对孩子的问题侃侃而谈,我在一旁聆听了一阵,眼睛亮了仿佛找到了希望。为了更好地了解科学教育法,我进入了科学教育法的网站(www.sciedu.com),认真听了李老师的几个讲座后,发现李老师首先是帮助家长把孩子问题的根源找出来,然后再给出相应的解决办法。此时,我真切地感受到了科学教育法是当今广大家长的一颗福星。李老师用他最朴实的语言,最真诚的情感,最无私的心态,把孩子的一个个问题,家长的一个个困惑,一一破解。他用最科学的方法耐心地指导家长,辅导孩子。我想,这样的教育,这样的老师,哪里还能找到第二个呢？我毫不犹豫地加入了会员,我坚信,在李老师的科学教育法的帮助下,我的孩子会越来越优秀！

接下来,我按李老师的指导,给孩子调整饮食结构,增加户外活动,学习时放背景音乐。一个月后,我体会到了科学教育法的魔力。孩子能主动做作业,并能安静下来看书。紧接着,我又按照李老师说的,加强对孩子职责的培养,让他认识到学习是他自己的职责。现在,孩子在学习的事情上,已经不用我费太多心了。孩子的变化,让我感觉到生活越来越美好。在教育孩子的道路上,能遇到李老师的科学教育法,我感到自己是幸运的。

为了孩子更好的发展,后来我让儿子参加了李老师的科学学习夏令营。虽然坚信科学教育法,但对夏令营还是多少有点不放心,不怕花钱就怕上当,因为电视、媒体中经常报道骗人的夏令营。那么经过四十天的训练,儿子会有收获吗？能给我带来更多惊喜吗？我内心虽然有些疑虑，但更多地是充满了许多期待。

8月17日中午，在夏令营吃午饭时，我走到儿子身边说："儿子，吃完午饭回宿舍把自己的东西收拾好，我们下午回家。"儿子听了"啊！"的一声说："就要回家了！"然后脸马上晴转阴，接着两眼就湿润了，饭也吃不下去了。看到儿子这样，我心里很难过。我知道儿子舍不得离开夏令营，在夏令营接近40天的日子里，他每天都和来自全国各地的孩子一起学习、运动、游戏、旅游等，夏令营各项丰富多彩的活动，使他深深地喜欢上了这个夏令营。他喜欢这里的每一项活动，他爱这里的老师、同学，他爱周围的环境，这里的一草一木都与他建立了很深的感情……

我只能告诉儿子：天下没有不散的筵席，人生有相聚就有分别。儿子带着满心地不舍，一步一回头踏上了归家的旅途。一路上，儿子总跟我念叨夏令营的乐趣与收获——夏令营的蔡老师使他爱上了语文课；孙老师使他懂得了许多人生道理，懂得了要感恩父母；李老师让他掌握了记忆方法，明白了学好英语必须练好基本功（英语的标准发音与书写）；戎老师让他在数学的王国里遨游，与数字交朋友；李耸老师和林老师让他体验到了运动的无限魅力；他的好朋友们怎样与他开心地玩耍，在生活上遇到困难的时候又是怎样互相帮助……

从儿子的谈吐中，我深深地感受到了他对夏令营不舍的原因，因为他在夏令营里每天都是快乐的。实际我知道儿子在夏令营的表现不是很优秀，有时候也会被老师批评，但他知道老师是为了让他优秀。从其他孩子口中得知，儿子也有过被人误解的时候，但儿子基本上不说这些，当我问他这些的时候，他都是一笔带过，没有一丝难过与不满。在他心中，他没有"恨"，一切都是美好的。对误解过他的大孩子，他能去宽容，不说那人的不是。儿子的这些表现让我这个做妈妈的都自叹不如。

更多的感动还在后头。在火车站的候车室里，儿子告诉我，他有点害怕。我问他："为什么？"他说："因为身边没有爸爸保护。"（平时先生对我和儿子呵护有加，使我和儿子都很依赖他。）我笑了笑说："爸爸不在身边，现在你就是男子汉了，你就要保护妈妈，帮助妈妈了。"果真，一路上儿子就像个小男子汉照顾着我。火车上，吃方便面时，他帮我泡面，把水果洗干净给我吃；上车或下车时，他自己背上背一个包，左手拎着打字机，右手帮我一起拎大包。我心疼儿子，告诉他："妈妈这个包自己一个人能行，你不需要帮忙。"但儿子执意要帮我拎。那一刻，儿子真的成了妈妈的保护神，让我内心无比感动。火车上，还有一个很细节的场面，被我捕捉到了，当一个阿姨在泡面的时候，手上端着放满了开水的碗，当她左手端碗，右手打开碗盖后想放味料时，碗盖不知搁哪好，儿子看到后主动把她的碗盖接过来，帮她找了一个地方放下。虽然是一个微不足道的举动，但我看到后，对儿子伸出了大拇指，心里对他说：儿子，好样的，妈妈为你骄傲！——"勿以善小而不为"，儿子没有因为这是个小事而不去帮助别人。做好事就是从身边一件件小事做起，这样才是具有良好素质的人。

从儿子的这些表现中，我感觉到了科学学习夏令营真的可以让我们拥有一个天使般的孩子。在这里非常感恩李老师的无私奉献，多少文字也无法描述我内心的感动。

（丘嘉能）

学习和实施"科学教育法"感言

一个偶然的机会，我走进了"科学教育法"房间。自此，这个房间深深地吸引了我。在这里，我系统地学习了李老师的科学教育理念，我觉得我与孩子都是科学教育法的受益者。从孩子小学二年级到现在小学六年级的四年里，我都是以科学教育法的教育理念指导孩子成长。我愿意和大家分享一下我的学习和运用心得。

（1）玩和作业的次序不能颠倒。平时孩子的作业，我都把它放在孩子活动的最后一项去做。因为我认为，孩子喜欢玩，喜欢看动画片，就应该让他先看，他喜欢的事做完了，写作业时精力就会集中，否则，他边写作业边想着下面喜欢的事情，这样写作业会马虎。可是，听了"科学作业法"讲座之后，我知道自己的方法不对，应该是让孩子先做作业，才能做他喜欢的事。这样，做作业就与快乐连接起来了。

（2）讲座要系统听、反复听、注意听。这点我深有体会。在我运用古典音乐的时候，因为没听全面，所以刚开始时，都是在孩子睡前播放古典音乐，因为在孩子睡前播起来方便。后来再听讲座，才知道学习时用的古典音乐，在睡前30分钟要停止播放。所以，"科学教育法"要学得透才能正确地实施。

（3）落实"科学教育法"需要坚持。这点我用吃蔬菜方面的例子来说。孩子从小食欲就很差，现在吃东西也挑食，不喜欢吃水果，更不用说吃蔬菜。我认识了吃蔬菜、水果的重要性后，改变了家庭的饮食习惯，每天都压果汁给孩子喝，每天都在变换着蔬菜的花样。目前，孩子接受了果汁，但还是拒绝吃蔬菜。所以，我们实施"科学教育法"的过程也不能太着急，因为改变一种习惯需要时间。

（4）"科学教育法"能找到问题的根源，提倡从心理层面解决问题。有一次，正逢周五，我孩子病了，上午在家休息养病，计划下午去上学。可是到了下午，孩子死活不肯去。后来了解清楚，原来老师布置了星期六、星期天的作业，让邻居家的孩子捎话回来,我孩子误会了,以为是中午的作业,没有做,不敢去上学。经过我疏通解除误会后,孩子高兴地上学去了。所以,找问题的根源,解决根源问题,比唠叨、恐吓更有效。

(5)咨询是"科学教育法"房间的特色。我们家长不是教育专家,在教育孩子的过程中,孩子的一些行为很令我们费解,解决问题的方法也捉摸不透是对是错。及时地通过视频聊天的方式咨询李老师,能找到问题的症结,消除我们的困惑和迷惘。

(6)理论学到位,自己可以创造出适合的教子方法。我孩子刷牙很马虎,洗脸倒是不含糊。因为他觉得不洗脸,眼睛睁不开,所以一起床就要洗脸。但是刷呢,就磨蹭了。不到最后关头,他不刷的。他会先洗脸、骑单车等。有一天,他竟然不刷牙就要吃早餐。我们决定治治他不讲卫生的坏习惯——不刷牙绝对不给吃早餐,而且限制时间,时间到,就把早餐倒掉。最后,闹到我们真的把早餐倒掉,多可惜啊,不过牺牲了一顿早餐,孩子最后妥协了。一边刷牙一边哭着说:我刷牙了又没东西吃了。接下来事情该如何发展呢?李老师只教了不给吃,但也不能饿着孩子呀,于是我创造性地发挥了主观能动性,对孩子说:早餐是没有了,但是你可以自己做。然后我让他自己煮旦旦面吃(我一边在旁边教他)。事情就这样结束了。

后来回想一下,我还是挺佩服自己的,总结一下。

(1)这招用得狠、准、快。狠:就是心肠要硬;准:就是用得对;快:就是见效快。

(2)理论到位,可能创造出适合自己的教子方法。我学习了李老师的科学教育理念,摸清了孩子的一些行为科学和心理科学,就能用招狠、准、快了。因为我知道这招绝对见效,所以才能狠。

(3)这个方法只适合我的孩子。因为我孩子一定要吃早餐,不让他吃早餐,他绝对会受不了。所以不适合那些根本不吃早餐或可吃可不吃的孩子。

学习理论,并不是立刻就能派上用场。但它会和"读书破万卷,下笔如有神"有异曲同工之处。我孩子能从二年级的极度厌学慢慢转入正轨,每一点进步无不令我欣慰,科学教育法对我的帮助实在功不可没,在此对李老师说一声谢谢。

(太阳雨)

让我们走进科学教育法

"阿姨好,你下班啦?"看到邻居一对母子快乐地招呼我,心底总会涌起一阵阵暖流,也会让我忍不住想起两年前的情景。

"这孩子没法子管了,气死我了,打死算了!"这是一个因为孩子不听话、成绩差而痛苦、难过、焦急的父母的吼声。那时,我正好从他家门前经过,情不自禁地慢下了脚步,走上前去想看个究竟。我坐下来,抚摸着孩子的头,轻声地喊着孩子的名字:"告诉阿姨,到底怎么了?"孩子抬起泪汪汪的双眼,委屈地哭出声来:"她说话总难听,什么都要听她的,整天唠叨这样、那样的,我听了就讨厌。""你看看,你看看,还嫌我啰唆,不啰唆他能做好吗,你看他这样就是死脑子。"孩子的呐喊,家长愤怒的面容让我不得不去告诉他们有一种方法可以解决这个矛盾,重新还他们一个安宁。因为我的女儿和我的家庭从中受益啦。李老师的科学教育法,让我的女儿变得优秀,让我自己变得好学。

回想起去年的暑假,我觉得女儿一下子有了飞跃的转变。暑假未曾开始,就有一个问题一直困扰我,我白天上班,孩子在家怎么办,没有我的督促她会自觉地过好这些天吗?晚上跟孩子交流的时候,我试探着问女儿:"暑假怎么打算呢?有什么计划吗?有什么需要妈妈帮忙的?"女儿没等我说完,立即回答:"妈妈,我计划早已经定好了。"并且顺手递给我一份用手写的周课程表:作业、练二胡、看课外书、看动画片、练字、家务、自由活动等,好详细。"女儿真棒,什么时候列好了也不告诉妈妈啊,不错,真全面,也很科学,妈妈相信你能按这个计划完成的。"女儿调皮地笑了。我知道,女儿是保持了一年级时假期学习的良好习惯,早就给自己定了计划。正当我窃窃自喜时,女儿有了转折:"不过,你得答应我一个条件,每天晚上必须陪我出去溜冰。"女儿用期待的眼光看着我,我立刻伸出了小指:"拉钩,一言为定,变了是小狗。"女儿开心地笑了。后来几天我带着疑惑不时地观察女儿的计划完成情况,她的行动让我那颗悬着的心放下了。孩子不但能坚持完成计划,而且晚上还带着许多问题考我,如:冬天为什么有窗花,蝙蝠睡觉怎么倒着?居里夫人发明了什么等,当我解释不妥时,她会耐心而又认真地讲解给我听,每每这时我都会由衷地鼓励和表扬。

更让我欣慰的是女儿每天都坚持将家人的衣服从阳台上收回来整整齐齐地叠好,回家还可以喝上她为我准备好的茶。

利用休息日带孩子回乡下外婆家,八十好几的父母见到她都会高兴得合不拢嘴。女儿像大人一样,陪着外婆聊天、削水果、倒茶。吃完饭后服侍母亲洗脸、漱口,母亲家里洋溢着喜悦、欣慰、幸福气氛。

女儿迷上了二胡,拉二胡成了她每天必做的事情,二胡老师要求很高,稍有不妥就会指正和批评,每每这时女儿的同伴都会伤心地哭,而女儿总会盯着老师,并勇敢的点点头,承认自己的缺失。回家的路上,女儿自言自语:"我不懂,她们哭什么,想老师整天表扬啊?明明是自己真的错了呢,老师批评了才知道自己的错误,我回去一定好好改正",对她的话我很肯定:"我也觉得是这样的。"我诚恳地看着她说。回到家,女儿关上了她的房门,在里面不厌其烦的一遍又一遍地摸索、捣鼓着,直到改正、弄懂了为止,就这样,女儿拉二胡的好习惯坚持下来了,同时也得到了二胡老师的高度评价。

开学了,孩子爷爷身体不好,家里的两个孩子一下子无人照应(先生侄女也在我家),我不得不一早就准备好饭菜,交代女儿注意安全,回来自己热了吃,然后又在我上班前千叮万嘱,女儿看出了我的心事:"妈妈,你放心上班吧,相信我一定能行的。"她清纯、自信的目光给了我做妈妈的安慰。中午打电话回家,女儿已经在吃饭了,并告诉姐姐一定不能挑食,科学饮食才能带来好的学习效果。两个孩子吃完饭收拾好桌面,各自看书休息了。女儿能独立了,并懂得了科学饮食的重要性。

晚上,忙碌了一天的我,睡觉前检查了女儿的作业,清晰、工整,看着熟睡的女儿,劳累的我忍不住热泪满眶。

回想起自己一路走来,不由得庆幸自己在孩子很小的时候就走近了李老师的小学科学教育房间,李老师科学生动的讲座改变了我——这个曾经焦躁的母亲,在他的房间我聆听了近五年,反复推敲、琢磨,总结了家长们需要明白的九点:

(1)培养孩子的良好习惯,良好习惯助你成功,不良习惯为成功设置障碍,习惯地不断强化逐渐演变为性格,性格对学习和事业的成败有着举足轻重的作用。

(2)科学饮食与充足睡眠的重要性。这对孩子的成长发育有着至关重要的作用。

(3)培养孩子的自尊心、自信心、责任心、进取心、学习兴趣。

(4)以身作则,感染孩子有孝心。

(5)鼓励孩子做家务,告诉他劳动是中国人民的美德。

(6) 做任何事都要有计划和目标,要有持续性。

(7) 做一个爱学习的家长,感染孩子爱看书。

(8) 对孩子不唠叨、遇事讨论,多聆听孩子的心声。

(9) 教育孩子要走可持续发展的道路。

如今侄女也已经顺利考上了苏州大学,女儿一年比一年懂事、进步,走到邻居的门前看到的温馨的一幕,由衷祝愿李老师的科学教育能拯救更多的家长和孩子,同时也希望所有的家长和孩子走进科学教育,走出教育和学习的误区。

(斯佳丽)

学习科学教育方法　掌握快乐学习之道
——献给女儿最好的礼物

我是一位全职妈妈,第一次走进科学教育法房间是 2006 年 9 月 22 日,现在还清晰地记着,我听的第一讲的名称是"英语科学教育法",当时一个极富亲和力的声音吸引了我,我静下心来认真听起来,那一天我一连听了 3 讲,另两讲分别是"惩罚是家长教育中不可丢失的一环"和"提高儿童注意力的方法",李老师的科学教育法让我感觉如获至宝!自那以后,一旦有空上网就直奔科学教育房间,每听一课我都认真地做好笔记,然后应用到对女儿学习辅导中去。

那时我的女儿才刚满 6 岁,她从小就很要强,在上幼儿园阶段特别喜欢表现自己,经常参加学校的文艺会演,连续当了两届文艺小主持,看着她拿回来的奖状和从别的家长羡慕的眼光中,我也感觉自己的脸面特别有光。孩子上一年级后,第一个月就获得了老师的表扬和同学们的喜爱,由此,她要求自己做得更好。

但随着学校文化课教学进度的加快以及频繁的考试测验,女儿慢慢受挫啦。那段时间我和女儿都感觉焦虑不安,身心疲惫!以下是我们亲身经历的几个例子,希望能给即将进入学堂的孩子和父母一些参考。

记得她第一次考试的头一天晚上,紧张而又期待一遍又一遍重复着说想考100分,我怕女儿有压力对她说:"考试只是为了检测老师教给你的知识,看你掌握了多少,你努力了,考多少分都不重要,妈妈相信你是最棒的!"第二天,女儿放学回家,默默地走进家里,从孩子的表情上看,我知道女儿考试一定没有考好,有心思。当时我并没有着急去问,像平时一样装作什么都没有发生。我有意把话题拉开,讲今天发生的一些有趣的事情,果然孩子一下子又活跃起来。吃饭的时候,孩子主动向我说出她心中的不快,她边说边流着眼泪:"妈妈,对不起!我今天语文没有考好,只得了90多分,班里同学还笑话我,说我不该考这么一点分,你知道吗,我开始打算一进家门就把自己关在我的房间里好好学习!"那一刻我心好痛,我知道女儿从小就对自己要求特别高,总希望比别人强,这一次没有达到自己的期望,并且遭到小朋友的笑话,这样对她幼小的心灵是多么大的打击啊。这一晚,我破例让女儿和我睡在一张床上,我和她一块儿分析失败的原因,告诉她要如何接受失败,一个人的优秀不仅限于分数上,更重要的是综合的能力……

那一次考试的结果多少给女儿留下了些阴影,几天以后的一个上午,语文老师给我打电话,说让孩子回家带信让我给她打个电话怎么没有打?我当时一惊,孩子头天晚上回来根本没有向我说这事,电话里语文老师说女儿在班上是一个很优秀的学生,不应该学拼音没有过关,要我在家里做她的加强工作。那天晚上照例忙乎完女儿的作业、做完亲子游戏后,我拥女儿入怀问她是不是忘记了老师让她给我带的话。女儿不安地问:"妈妈您怎么知道的?"接着跟我说是前两天上语文课时学的新拼音,老师让下面的小朋友自告奋勇上去默写,没有一个人举手,后来老师就点名让她上去,因为她觉得自己没有把握所以不敢上去,老师批评了她还硬是让她上去写。之所以没有告诉妈妈老师带的信,是怕老师向妈妈告状自己在学校不认真……等女儿说完了整个来龙去脉,我轻声对她说:"老师让你上去,你不会做没有关系,老师会帮助你改正的,况且老师让你上去也说明老师喜欢你呀!她希望你能学好弄懂。今天老师打电话给我只是交流我们应该怎样配合帮助你学习得更轻松,更愉快。她说你在学校是一个很认真听讲的好孩子,老师很喜欢你,只是拼音还有一点点没有过关而已,没有关系,妈妈会帮你的,老师也会帮你的,相信自己一定能学好!但老师让你带的信你故意去隐瞒是不对的,这一次妈妈不怪你,以后可不能这样哦!"我们又一次结束了平静又和谐的谈话。

为了让孩子很快投入正常的学习当中去,有一段日子,我也做了很傻的事情,比如像大多数家长那样,加大孩子的作业量,因为孩子年龄小,很多时候因为一个题不能理解,或者动作慢,我们经常发生争吵!记得有一天做完作业已经快10点钟了,女儿在临睡时对我说的一句话:"妈妈,我要是大人就好了,不用做作业,不用这么辛苦的学习了……"

那一夜我无眠,我在思索着当前的教育,同时我也在反思自己,面对这么小的孩子,每次看到她那熟睡的小脸,我开始问自己,我该给她什么?我到底应该怎样做才能让我的孩子摆脱如今这种教育模式导致的痛苦呢?

幸运的是我走进了科学教育法房间,李老师科学的教育观念和科学的学习方法给了我很大的启发,我努力学习每一讲的精髓,结合孩子的年龄和实际状况落实到实践中去,我在这里得到了心态的转变,观念的转变和方法的转变。老师教会了我如何正确去看孩子长远的路,从此我不再用虚荣的心态去要求孩子,期望她争第一考100分了,反而我倒希望她不要过早地那么突出,能平静快乐的学习,做一个身心健康,德智品兼优的人我就很知足了!

按照李老师教的方法,我的女儿已经养成了放学回家第一件事就是洗手吃水果、喝豆浆或牛奶的习惯,10分钟后自己可以自主做作业,中途每隔半小时出来休息10分钟,做作业再也不是件辛苦的事,再也没有听她抱怨不快乐了!李老师有一句话"没有什么东西比教会孩子学会生存的技能更有价值!"我在朝这个目标去努力,这也将是我送给孩子最宝贵的礼物!在科学教育法的帮助下,我学会了平静而又智慧地和孩子交流,我学会容忍,容忍孩子有缺点,容忍她可以犯点小错误。我和女儿之间是母女同时也扮演着朋友的角色!现在女儿每天能快乐地向我鞠躬问安,高高兴兴地上学放学,看着她脸上灿烂的微笑,我想,这不就是她应该获得而我们做家长应该给予的吗?

我很庆幸在女儿6岁的时候遇到了科学教育法,我更感谢李老师为我们提供这么有用的方法,让我在孕育新芽的时候,我这片大地有机会积累足够肥沃的土壤等待女儿健康的成长!快乐的学习!书山有路勤为径,学海无涯"乐"作舟,学习李老师的科学教育,快乐学习的方法并用之于实践,学习对孩子和我们家长来说都将不再是一件苦差事!

(宽容的心)

坚信李老师的理论　孩子会越来越优秀

其实最早和李老师认识的时候,大概在2005年吧!当时还不是为了我自己的孩子,而是为了我先生姐家的孩子。看着孩子学习吃力,我也着急,就在网上瞎转悠,这房间听听,那房间听听。后来无意听到李老师的讲课,觉得他讲得挺好的,是不是能辅导一下这孩子,然后就和李老师聊孩子的情况,李老师顿时就指出孩子的方法有些不对,并且说要和孩子的父母谈谈,希望他们也来听听课,可我姐他们认为网络上的东西不真实,所以这个事情就没有继续下去。

直到2007年,我自己的孩子上小学一年级下册,学习一点都不上路,经常和同学讲话,班主任老师碰到就告状,后来我们是见到老师老远就躲。经常在学校为一点小事情和同学生气,回家还气鼓鼓的。甚至有次老师刚说了他一句,他背着书包就跑回家了,每天都为这样的事情,搞得我焦头烂额。这时我想起了"科学教育法",又到UC房间找到了李老师,我把孩子的情况和老师说了,没有想到老师呵呵一笑,说没事的,孩子小有时是这样的,你多听听我的讲座你就明白了。一下子让我也轻松了不少。

于是我就开始天天听讲座,只要有时间就听,那段时间听讲座真的可以用"疯狂"两个字来形容,听明白后就开始实践了。记得当时最纠结的一个问题就是孩子的作业问题,写作业磨得很,很不自觉。李老师就让我听《小学生科学作业法》的讲座,然后我按照讲座上说的认认真真地实施了,第一次时只让孩子写5分钟的作业,然后停下,领他玩10分钟,又让他写作业5分钟后再玩10分钟,这样直到作业写完。这样坚持了几天,就加到写10分钟，玩 10 分钟，又坚持了半个月。后面慢慢把玩的时间缩短，直到他能坐着安静地连续地写完当天的作业，用了将近两个月的时间把这个毛病改过来了。我那高兴劲，别提了。说实在的我刚开始还是有点怀疑的，从那次实践后，就相信了。后面更是拼命地学习各个讲座：《树立科学教子观》《学习兴趣培养方法》《厌学症预防和治疗》《古典音乐在家庭教育中的应用》《动觉学习者的学习策略》等。

还有一次是因为我自己的原因！大概 2008 的时候吧，那段时间因为家里的情况导致我很烦，觉得孩子也这儿不对那儿不对，就和李老师说孩子的事。哪知还没有说完，李老师就对我说："孩子没事，是你这个妈妈焦虑了，我刚好出了个讲座《消除妈妈焦虑情绪的方法》，你先听听，对你有帮助的。"因为一直受益所以很信任李老师，果然听讲座后，我真的变了……拿儿子的话说："妈妈您变得比以前好了。"我知道他这句话的意义，就笑了笑，他也笑了。

2009 年时又让孩子参加了李老师在西安举办的夏令营，可以说是真的成了天使。回来后变得宽容，学习有了进步，也变得懂事了，他自己也觉得在各方面收获还是蛮大的。

现在孩子上五年级，自觉学习，独立去思考一些比较难的题，性格很温和，对同学宽容，最关键是原来动不动就生气的毛病消失了，在家有时还做点家务，洗个碗什么的。虽然孩子现在在班里不是最优秀的，但是我相信他会越来越优秀。当然后面的路更艰辛，孩子的各个时期可能还会出现一些新问题，但我坚信只要掌握了李老师的科学教育法理论，他不会走歪路的。

在两年多的时间里一个最切身的感受是：要想孩子改变，首先是我们家长自己先改变。父母是孩子最好的老师，慢慢体会，其实是很有深远意义的！真诚祝愿李老师的科学教育法能快点普及全中国,让全中国的孩子都能受到科学的教育!

(重庆家长:张珍)

一个母亲没有做好的,李老师替我做到了

每个家长都希望,自己的孩子成为人中龙凤。每个家长都希望,自己的孩子在成长过程中鹤立鸡群。每个家长都希望,自己的孩子拥有令人瞩目的成就。我也不例外。但遗憾的是,在我教育女儿的过程中,因为不懂科学的教育方法,犯了很多错误,导致女儿到高中阶段不但成绩不理想,而且思想极端,价值观混乱,状态低落,有厌学倾向……想想十几年来,为了学习,我和女儿几乎每天都要吵架。打她,骂她,威胁她都已经成了家常便饭。所以到了她上高二的时候,她的问题让我已经濒临绝望,我没有任何办法了。

这个时候网络刚刚普及,我们家也买了电脑,本来是让女儿学习的。走投无路的我就想,上网去搜一搜吧,看看别的家长都是怎么样教育孩子的,看看能不能有好运气,找到有帮助的信息……就这样搜索了几天,无意间在新浪 UC 上发现科学教育法的"房间",我当时就想,科学教育法,看你怎么个科学法。这个名字起得真大胆,我教育孩子这么多年,都没敢说科学教育,我倒要看看你有多科学,能把孩子教育得多好!进了"房间"后听了一会讲座,觉得有几分道理。不由自主地听了下去。这个讲座不一般,有听头啊!说的东西朴实无华,却字字直指问题要害,一针见血。短短几天,就让我意识到:教育孩子出现的问题,根源不在孩子,是在我啊!如此的恍然大悟让我又感慨又难过,感慨于纠结十几年的问题如此轻易就被人点透,如获新生;难过于为什么发

现得这么晚,要是早几年,我的女儿是不是就不会变成现在这个样子,我自己是不是也不必如此痛苦?

听了几天讲座后,我对自己进行了剖析,对这些讲座进行了评价,然后就和讲座的创始者——李兴福老师进行了交流。在交谈中,我对李老师的讲座充分肯定。因为我教育孩子多年,有太多的失败教训。我也和很多教育者、教育家深入交流过。没有人可以如此直接、清晰、明了地指出我在教育孩子过程中,存在的种种问题,更没有人告诉我如何用科学有效的方法来纠正教育孩子过程中出现的种种错误,但在李老师的讲座里,这些全都实现了。所以我打字告诉李老师,您的讲座将会帮助无数的家庭走出教育误区,拯救无数可能要毁掉的孩子。

和李老师交流以后会发现,他平易近人,有问必答。对于很多问题,却眼光犀利尖锐。说到实质性的问题时,他又会针锋相对,寸步不让。有时他那针针见血的语言会说得我面红耳赤,感到无地自容。冷静下来我再一分析,却不得不承认,李老师说得一点都没错。渐渐地,我抛弃了自以为是的外衣,虚荣的外衣,功利的外衣,以一颗真实坦诚的心来面对李老师,面对我的女儿……

很快,我和李老师的交流就变得顺畅无阻。但怎么样让我的女儿也接受李老师,从李老师那里获益,就成了一个大问题。那时我的女儿敏感、脆弱,又充满敌意,我讲任何事情,她都会反对、反抗。此时的我已经失去了孩子对我的信任。所以我干脆什么都不说,只是在她放学回到家时,播放李老师的讲座。我们俩一边吃饭,一边听讲座。一开始她没有任何反应,听着听着,她的注意力就被吸引过去了,一会儿皱眉,一会儿发愣,偶尔还有吃惊的样子,我都看在眼里。几天后,我尝试着劝说女儿上网和李老师交流几句,可能碍于我平时的威严,也可能因为她已经听了一些李老师的讲座,觉得新鲜……总之,她配合了。一开始我还在旁边参与,盯着他们之间的交流。渐渐我发现女儿意兴阑珊,估计我的存在让她不自在了,我怕再半途而废,就赶紧退出,不再参与他们的谈话。每每他们的交流结束,我就再找李老师了解情况。那时我叹息:我的女儿啊,就在身边,却偏要通过一个远在千里之外的老师去了解她的心思,她的世界,这是多么可悲的事情!现在我却觉得自己是那么幸运!有这么一位伟大的教育家帮助我的孩子渡过人生的难关,帮助我们母女成长和蜕变,这是多么值得我感恩和感激的事情啊!

李老师和我女儿的交流并不是一帆风顺的,其中的艰难和辛苦不是几句话就能说清道明的。在我女儿最重要的高考阶段,是李老师一步一步辅导,一次一次开导,让她不但战胜了高考,而且战胜了自己,圆满完成了真正的人生考试。2007年的高考中女儿以592的高分被重点大学——华中师范大学录取。一个不被老师看好的孩子,出奇地考了高分,如果没有李老师的科学教育法的辅导,这是不可能的。但这并没有结束,用李老师的话说,我以前十几年往她的肚子里塞了太多的东西,冷的、热的、软的、硬的、木头的、钢铁的……孩子没有办法那么快消化,即使完成了高考,还是有很多"遗留问题",需要慢慢去解决,慢慢去消化。如今我的女儿已经大四,即将走上工作岗位。这么多年来,李老师一直给她做着人生的向导。对于她大学里的所作所为都给以正确引导,确保不偏离正确的轨迹。平时网上交流不断,每个假期她都会到李老师的身边,一边学习,一边给李老师做助手。最重要的是解决自身的"遗留问题",矫正思想。她自己也说,前途是光明的,道路是曲折的,蜕变的过程是痛苦的,但收获是珍贵的。

对于女儿的变化和成长我是欣慰的。我曾经问她,你在李老师身边工作忙不忙,累不累?她说,再忙再累,也远不及李老师的百分之一辛苦。他平时的工作量非常大：开发、录制、编辑讲座；运行、添加、维修网站；每年马拉松似的夏令营；以及平日里家长们的各种疑问……只有亲眼见到他的工作，才知道这位教育家的肩膀上担负着常人难以想象的压力和重担。但李老师甘于此，乐于此。我又哪有说忙喊累的资格呢？

可喜的是，李老师的科学教育法被越来越多的家长认识和接受，也有越来越多的家长和孩子从中受益。这证明了我当年的判断是正确的，科学教育法将会帮助无数的家庭走出教育误区，拯救无数的孩子于痛苦无知的沼泽。我也希望借此机会表达我对李老师和科学教育法的感谢和祝福：我的女儿会长大，但没有李老师的良苦用心和悉心培养，她不会真正地长大。这是我作为一个母亲没有做好的，感谢李老师替我做到了！当我的女儿心里充满阳光和希望的时候，身为父母的我们又何尝不是打开了一扇生活天窗！同时，我也希望李老师的科学教育法能够走进更多的家庭，为那些迷茫的家长们和可怜的孩子们打开一扇扇心灵的天窗，让更多的人受益于科学、有效的教育方法，让更多的孩子成为拥有有用知识，具有正确认识，敢于承担生活责任，勇于挑战周遭困难，善于调节自己心态的人，为自己的人生活得踏实而精彩。

祝愿科学教育法让更多的人受益，为千千万万的家庭指引方向。

（内蒙古家长：刘素梅）